ZUCKERWÖLKCHEN & SAHNEKÜSSCHEN

KESSY BÓNA

Zucker wölkchen
& Sahne küsschen

110 Backrezepte für meine ganz besonderen Momente

CHRISTIAN

INHALT

VORWORT

Backen ist en vogue wie schon lange nicht mehr, aber für mich ist es nicht nur ein neuer Trend, es ist eine Passion, eine Lebenseinstellung – und kleine rosa Puderzuckerwölkchen in den Alltag zu integrieren ist mein auserkorenes Ziel! Ich bin Kessy, Autorin des Blogs „Pink Sugar", 35 Jahre alt, glücklich verheiratet und liebende Mama eines kleinen Sohnes. Viele Jahre als Model im Modezirkus haben mich nicht davon abgehalten, eine richtige Backfee zu werden, ganz im Gegenteil: Bodenständigkeit und modischer Chic lassen sich ganz zauberhaft miteinander vereinen.

In unserer Familie hat das Essen und gemütliche Beisammensein einen sehr hohen Stellenwert, und es ist ein erhebendes Gefühl, dafür einen leckeren Kuchen aus dem Ofen zu holen oder eine hübsche Torte zu kreieren. All das teile ich mit den Lesern meines Blogs und den Teilnehmern meiner zahlreichen Kurse. Dort lernt man nicht nur die nötigen Kniffe des Backens und Dekorierens, sondern bekommt auch richtig Lust, selbst loszulegen und es einmal auszuprobieren, denn genau darum geht es: Backen kann wirklich jeder und mit ein paar Kniffen verwandelt man auch einfaches Gebäck in wunderbare, hübsche Kunstwerke.

Jetzt möchte ich Sie bei der Hand nehmen und auch Ihnen zeigen, wie man die köstlichen Momente in den oft stressigen Alltag integriert. Sich ein bisschen Zeit zu nehmen und dabei großartige Törtchen zu kreiieren ist mit ein paar Tricks und etwas Fantasie gar nicht so schwer. Sie werden sehen: Im Nu entwickelt sich die kleine Backsession zu einer ganz persönlichen Oase der Ruhe und Erholung.

Doch dieses Buch kann noch mehr. Wie in einem guten Magazin vereint es tolle Anleitungen mit entspannenden Momenten – lehnen Sie sich mit einer schönen Tasse Kaffee oder Tee gemütlich zurück, lassen Sie sich in die Welt der Mode aus früheren Zeiten zurückversetzen, träumen Sie! Tolle Fotos nehmen Sie mit auf eine Reise durch die Jahrzehnte und lassen Sie gleich selbst in die Rolle einer Diva des Alltags schlüpfen. Wer kennt das nicht, sich einfach etwas Hübsches gönnen, überstreifen und sich gleich viel besser fühlen? Denn schön verpackt lebt es sich einfacher, und man fühlt sich gut! Und so ist auch dieses Buch – es ummantelt Sie und gibt Ihnen ein schönes, frisches Lebensgefühl. Aber jetzt ran an die Schüsseln, let's bake together!

EINLEITUNG

Lassen Sie sich verführen von der neuesten „Cake Couture" und mitnehmen auf eine wundervolle Reise zu den aktuellsten Entwürfen der Backszene. Einfaches und stilvolles Gebäck, für jedermann umsetzbar, um sich auch im Alltag mit all seinen Pflichten wunderschöne Momente der Ruhe und des Genusses gönnen zu können. Dieses Buch repräsentiert das „neue Backen" in Vollendung, ob bekannte Rezepte wie Schwarzwälder Kirsch, Gugelhupf oder Bienenstich, nur in ganz neuen Formen, oder aktuelle Trends, leicht nachvollziehbar umgesetzt.

Auch wenn es mal schnell gehen muss oder nur ein geringes Budget zur Verfügung steht, ist es möglich, mit einfachen Ideen ein wirklich zauberhaftes Ambiente zu schaffen und köstliche Rezepte umzusetzen, süß oder fruchtig und allesamt mit liebevoller Hand arrangiert.

SO GELINGT'S:

Alle Zutaten sollten (sofern nicht anders angegeben wie z. B. beim Mürbeteig) immer Zimmertemperatur haben. Also rechtzeitig 1–2 Stunden zuvor aus dem Kühlschrank nehmen. So können sich alle Zutaten bestens miteinander verbinden.

Für künstlerische Schokoladenformen (siehe Bild) Kuvertüre über dem Wasserbad schmelzen, dann beliebige Muster auf eine Lage Backpapier träufeln. Im Tiefkühlfach erkalten lassen, die Schokoformen abnehmen und das Backwerk damit dekorieren.

Achten Sie bei Eiern immer auf die Größe; ich verwende in diesem Buch ausschließlich Größe M. Ob ein Ei frisch ist, erkennt man daran, dass es in ein Glas Wasser gelegt unten bleibt. Verdorbene, ältere Eier steigen an die Oberfläche auf. Zudem haben frische Eier beim Aufschlagen ein ganz klares Eiweiß, auf dem das Eigelb wie auf einem Kissen liegt.

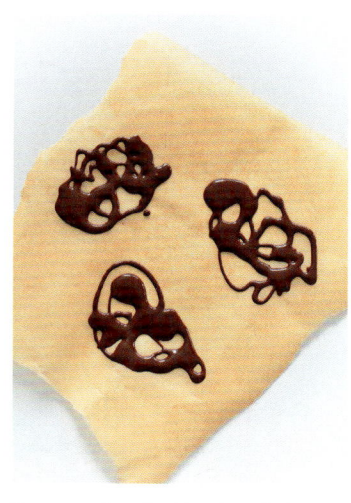

So entstehen im Handumdrehen Schokoladenformen, die jedes Törtchen aufwerten.

Unerlässlich ist beim Backen eine Küchenwaage. Alles andere bleibt ungenau und kann das Backergebnis negativ beeinflussen. Ich wiege einfach alle Zutaten ab und mische sie dann nur in der angegebenen Reihenfolge. So kann man sich sicher sein, die richtigen Mengenverhältnisse zu haben.

Verwenden Sie für trockene Zutaten unbedingt ein Sieb! So vermeiden Sie Klümpchen, und das Gebäck erhält eine besonders schöne, lockere Struktur.

Wenn Sie keine Küchenmaschine zur Verfügung haben, investieren Sie unbedingt in einen Handmixer mit Schneebesen. Für wenig Geld erleichtert er doch so viele Arbeitsvorgänge und zaubert im Nu einen schönen homogenen Teig, steife Sahne oder auch perfekten Eischnee!

Muffin- und andere kleine Silikonformen lassen sich besonders gut mit einem Messbecher befüllen.

Bei den Backformen sollten Sie unbedingt auf gute Qualität achten. Hochwertige Materialien leiten perfekt die Temperatur, und der Kuchen backt gleichmäßig auf! Meine Lieblingsgröße ist die runde Backform mit 18 cm Durchmesser. Für die Anfangsausstattung empfehle ich runde Springformen in den Größen 18 cm und 26 cm, ein viereckiges Backblech für Brownies und saftige Blechkuchen, ein Muffinblech sowie eine Gugelhupfform.

Die Backformen müssen vorbereitet werden. Entweder kleidet man sie mit Backpapier (alternativ Pergamentpapier) aus oder streicht sie mit etwas Butter oder Öl ein und verteilt durch Klopfen Mehl, Semmelbrösel oder gemahlene Mandeln darin. Selbst Silikonformen öle ich hauchzart ein. Ein super Tipp für feuchtere Teige wie bei Brownies ist es, das Backpapier zusammenzuknüllen, unter fließendes Wasser zu halten, dann wieder etwas glatt zu streichen und in die Form zu legen. Durch die Nässe schmiegt es sich auch in den Ecken perfekt in die Form und bleibt auch da. Selbst beim Einfüllen des Teiges verrutscht nichts. Und das Beste: Beim Backen gibt das Papier die Feuchtigkeit an den Teig ab und macht ihn herrlich saftig!

Ein tiefes Backblech ist für jede Art Blechkuchen zu gebrauchen.

Unbedingt den Backofen rechtzeitig vorheizen! Man sollte Teige, besonders Biskuitteige, nicht lange stehen lassen.

Backt man statt mit Ober-/Unterhitze lieber mit Umluft, sollte man die Backtemperatur um 20 °C und die Backzeit um 25 % verringern. Bemerkt man, dass die auf den Schaltern angegebenen Temperaturen beim eigenen Ofen nicht ganz stimmen, unbedingt mit einem Ofenthermometer nachmessen und anpassen. Kleiner Tipp: Backen Sie Biskuitrollen nie mit Umluft, da der Teig zu sehr austrocknet und beim Einrollen brechen kann.

Wählen Sie immer den mittleren Einschub im Ofen und stellen Sie Ihre Backformen niemals auf ein Backblech, sondern immer auf einen Metallrost, dann wird die Temperatur perfekt geleitet, und die Kuchen gehen schön auf.

Die Butter wird in den Rezepten mit Zucker „schaumig gerührt". Ziel ist es dabei, dass sie an Volumen gewinnt und heller wird. Dieses Ergebnis erzielt man mit einem Schneebesen meist nach 3–5 Minuten. Schaumig bedeutet also, dass sie weißlich-cremig aufgeschlagen wird.

Ein lockerer Biskuitteig lässt sich wunderbar auch zu schönen Formen ausstechen.

Die Gar- bzw. Stäbchenprobe ist beim Backen einfach unerlässlich und sollte immer durchgeführt werden: Stechen Sie mit einem Holzstäbchen in die Mitte des Kuchens. Lässt sich das Hölzchen sauber herausziehen, ist der Teig gar und fertig gebacken.

Bei Gebäcken, die in heißem Fett ausgebacken werden, ist die perfekte Temperatur das A und O. Und so funktioniert es: In einem großen, weiten Topf das Öl auf etwa 170 °C erhitzen. Die Temperatur entweder mit einem Küchenthermometer prüfen oder einen Holzlöffelstiel ins heiße Fett stecken – wenn kleine Blasen aufsteigen, stimmt die Temperatur.

Butter oder Schokolade schmilzt man am einfachsten im Wasserbad. Dafür einen größeren Topf mit Wasser füllen und eine Metallschüssel mit den Zutaten so hineinhängen, dass sie am Rand des Topfes aufliegt, also im Topf hängt. Das Wasser bei niedriger Temperatur erwärmen und die Schokolade unter Rühren schmelzen. Vorsicht – nicht zu sehr erhitzen, sonst verliert die Schokolade an Glanz!

Wenn kein Spritzbeutel zur Hand ist, kann man einfach einen Frischhaltebeutel mit einer Tülle bestücken. Dazu eine kleine Ecke abschneiden und die Tülle hineinstecken (eventuell mit etwas Klebestreifen fixieren). Dann in einen Messbecher legen und die Beutelränder über den Messbecherrand stülpen. So lässt sich jede Masse sauber einfüllen.

Bei Buttercremes und Frostings vor dem Auftragen immer eine Spritzprobe auf einem kleinen Teller machen. So sieht man, ob die Masse die perfekte Temperatur hat. Ist sie noch zu weich, zurück in den Kühlschrank geben, ist sie schon zu fest, dann kurz bei Zimmertemperatur stehen lassen.

Es ist sehr wichtig, dem Kuchen genügend Zeit zum Auskühlen zu geben. Erst danach schneiden und füllen. Biskuit lässt sich am besten am nächsten Tag schneiden, idealerweise mit einem langen, geriffelten Brotmesser oder einer speziellen Tortenbodensäge.

Kuvertüre hackt man vor dem Schmelzen am besten mit einem großen Küchenmesser grob.

Lässt sich ein Gugelhupf nicht so einfach aus der Form lösen, hilft ein kleiner Trick: Die Kuchenform mit einem Brett bedecken und im Ganzen samt Brett umdrehen, sodass die Öffnung jetzt nach unten zeigt. Die Form von außen mit einem nassen, kalten Küchentuch etwa 15 Minuten abdecken, danach den Kuchen durch ein wenig Rütteln lösen.

Zum Reinigen die Backformen nach dem Backen direkt in warmem Wasser mit Spülmittel einweichen. Bitte nicht in die Spülmaschine geben, denn das verschlechtert den Antihaft-Effekt. Bei Silikonformen keine Scheuermittel verwenden!

Gebäck kann aufbewahrt werden, es kommt ganz darauf an, um welche Art es sich handelt. Sahne- und Obsttorten können gut abgedeckt 2–3 Tage im Kühlschrank stehen. Fondanttorten gehören auch in den Kühlschrank, jedoch dürfen sie nie abgedeckt werden, da sich sonst das Kondenswasser auf den Fondant legt und ihn aufweicht. Man sollte zudem immer darauf achten, dass sich keine geruchsintensiven Speisen im Kühlschrank befinden. Andere Sorten wie Rührkuchen oder auch Hefegebäck sind bis zu einer Woche haltbar und sollten wie Brot gelagert werden.

temperament-
voll,

leiden-
schaftlich

sinnlich

CHAI-LATTE-KUCHEN mit Honig-Buttercreme

Für 1 Springform mit 18 cm Ø
Zubereitungszeit: 60 Minuten
Backzeit: 40 Minuten

Für den Teig
190 ml Milch
3 EL Chai-Tee (Pulver)
70 g weiche Butter,
  mehr für die Form
180 g Zucker
1 TL Vanilleextrakt
2 Eier
170 g Mehl, mehr für die Form
1 ½ TL Backpulver
½ TL Natron
1 Prise Salz

Für die Honig-Buttercreme
180 g weiche Butter
4 EL Honig
1 Prise Salz
etwa 250 g Puderzucker

Den Backofen auf 175 °C Umluft vorheizen. Die Springform fetten und mit Mehl bestauben.

Für den Teig in einem Topf die Milch zum Kochen bringen und dabei den Tee einrieseln lassen. Vom Herd nehmen und abkühlen lassen. In einer Schüssel die Butter mit dem Zucker und Vanilleextrakt schaumig rühren. Nach und nach die Eier hinzufügen und unterschlagen. In einer zweiten Schüssel das Mehl mit dem Backpulver, dem Natron und dem Salz mischen und zur Butter-Eier-Mischung geben. Zum Schluss die Chai-Milch einrühren. Der Teig ist relativ flüssig, bekommt aber nach dem Backen die perfekte Konsistenz.

Im heißen Backofen etwa 40 Minuten backen, dann die Stäbchenprobe machen (siehe Seite 12). Den Kuchen auf einem Kuchengitter abkühlen lassen und einmal waagerecht halbieren.

Für die Honig-Buttercreme die weiche Butter mit dem Honig und dem Salz glatt rühren. Nach und nach den Puderzucker dazugeben und mit einem Schneebesen schaumig schlagen. Ist die Buttercreme zu weich, kurz in den Kühlschrank stellen. Ist sie zu hart, etwas heißes Wasser dazugeben. Die Hälfte der Buttercreme auf dem unteren Kuchenboden verteilen, glatt streichen und den zweiten Boden auflegen. Die restliche Creme in einen Spritzbeutel mit großer Rosentülle füllen und den Kuchen mit Buttercreme-Rosen dekorieren. Mindestens 30 Minuten im Kühlschrank fest werden lassen.

Tipp
Dieser Teig eignet sich auch ganz hervorragend zur Herstellung von Cupcakes. Dazu den Teig einfach in Muffinförmchen füllen und etwa 20 Minuten backen.

GIOTTO-CUPCAKES

Den Backofen auf 160 °C Umluft vorheizen und das Muffinblech mit Papierförmchen bestücken.

Für die Cupcakes die Schokolade grob hacken und zusammen mit der Butter über dem Wasserbad schmelzen, dann etwas abkühlen lassen. In einer zweiten Schüssel den Zucker und die Eier verrühren. Das Mehl und das Natron mischen und unterheben. Die Schokomasse und das Mineralwasser dazugeben und den Teig glatt rühren. Jede Mulde des Muffinblechs zu drei Vierteln mit Teig füllen, dann eine Giotto-Kugel hineinlegen und mit dem restlichen Teig bedecken. Etwa 25 Minuten backen und die Stäbchenprobe machen (siehe Seite 12). Bei leicht geöffneter Backofentür auskühlen lassen.

Für das Topping die Schokolade grob hacken und mit der Sahne über dem Wasserbad schmelzen. In der Zwischenzeit die Butter mit dem Puderzucker leicht aufschlagen. Die geschmolzene Schokolade ein wenig abkühlen lassen. Sobald sie wieder etwas fester geworden ist, zur Butter-Zucker-Mischung geben und die Masse schaumig aufschlagen. Einige Minuten abkühlen lassen, dann nochmals aufschlagen, bis die Buttercreme so fest ist, dass sie verarbeitet werden kann. Locker mit einem breiten Messer auftragen. Die Cupcakes mit Schokosauce und je drei Giotto-Kugeln dekorieren.

Für 10 Muffins
Zubereitungszeit: 45 Minuten
Backzeit: 25 Minuten

Für die Cupcakes
140 g Zartbitterschokolade
120 g Butter
110 g Zucker
2 Eier
140 g Mehl
1 TL Natron
2 EL Mineralwasser
10 Giotto-Kugeln

Für das Topping
200 g weiße Schokolade
100 ml Sahne
200 g weiche Butter
140 g Puderzucker

Außerdem
Schokosauce
30 Giotto-Kugeln

PEANUTBUTTER-CHOCOLATE-TARTE

**Für 1 Tarte- oder Springform
mit 28 cm Ø**
Zubereitungszeit: 30 Minuten
Ruhezeit: 15 Minuten
Backzeit: 35 Minuten

Für den Teig
190 g Mehl
3 EL Kakaopulver
120 g kalte Butter,
  mehr für die Form
30 g Mandeln, gemahlen
1 Ei
1 Prise Salz
70 g Zucker
1 Pck. Vanillezucker

Für die Füllung
150 g Zartbitterkuvertüre
100 g Vollmilchkuvertüre
60 g Butter
30 g brauner Zucker
200 g Crème double
1 Ei
1 kleines Glas Erdnussbutter
2 EL gehackte Mandeln

Außerdem
Puderzucker

Den Backofen auf 170 °C Umluft vorheizen. Die Form leicht fetten.

Für den Teig das Mehl mit dem Kakao in eine Schüssel sieben. Die Butter in kleine Stücke schneiden und hinzufügen. Die Mandeln, das Ei, das Salz, den Zucker und den Vanillezucker dazugeben. Alles mit der Hand rasch zu einem glatten Teig verkneten. Den Teig in die Form geben und mit der Hand gleichmäßig verteilen, dabei einen etwa 3 cm hohen Rand bilden. Den Boden mehrmals mit einer Gabel einstechen, damit beim Backen die Luft entweichen kann und der Boden sich nicht wölbt. Die Form für etwa 15 Minuten in den Kühlschrank stellen.

Den Teig mit zurechtgeschnittenem Backpapier belegen, mit getrockneten Hülsenfrüchten beschweren und im heißen Backofen etwa 20 Minuten blindbacken. Das Backpapier mit den Hülsenfrüchten entfernen. Wenn der Teig noch nicht gar ist, etwa 5 Minuten weiterbacken.

Für die Füllung die Kuvertüren grob hacken und zusammen mit der Butter und dem Zucker über dem heißen Wasserbad schmelzen. Vom Herd nehmen, etwas abkühlen lassen, dann die Crème double und das Ei unter ständigem Rühren untermischen.

Die Tarte mit der Erdnussbutter bestreichen. Die Schokoladenfüllung darübergießen, mit den gehackten Mandeln bestreuen und etwa 15 Minuten backen, bis die Füllung fest, aber noch leicht beweglich ist. Die Tarte nach Belieben lauwarm servieren oder etwa 2 Stunden kühl stellen und leicht mit Puderzucker bestauben.

Tipp
Die Schokoladenfüllung lässt sich durch die Zugabe von frisch gebrühtem Espresso oder Likör verfeinern.

APFEL-MANDEL-KUCHEN

Den Backofen auf 150 °C Umluft vorheizen. Die Springform fetten und mit Mehl bestauben.

Für den Teig die Butter mit dem Zucker und dem Vanillezucker cremig rühren. Nach und nach die Eier dazugeben. Die Mandeln und die Haselnüsse unterrühren. Das Mehl mit dem Backpulver mischen und dazugeben. Zuletzt die Milch hinzufügen und alles zu einem glatten Teig verrühren. Den Teig in die vorbereitete Form füllen und glatt streichen.

Die Äpfel waschen, schälen, vierteln und entkernen, dann in dünne Spalten schneiden und fächerförmig auf dem Teig verteilen. Den Kuchen im heißen Backofen etwa 45 Minuten backen.

Für die Mandelkruste die Butter mit dem Zucker und dem Vanilleextrakt in einer Pfanne schmelzen, dann die gehobelten Mandeln darin schwenken. Den Kuchen etwa 10 Minuten vor Ende der Backzeit kurz aus dem Backofen nehmen und die Mandelmasse darauf verteilen, dann fertig backen. In der Form im Backofen bei geöffneter Tür abkühlen lassen.

Für 1 Springform mit 18 cm Ø
Zubereitungszeit: 30 Minuten
Backzeit: 45 Minuten

Für den Teig
160 g weiche Butter,
  mehr für die Form
120 g Zucker
1 Pck. Vanillezucker
3 Eier
50 g Mandeln, gemahlen
30 g Haselnusskerne, gehackt
130 g Mehl, mehr für die Form
1 TL Backpulver
2 EL Milch
2 kleine Äpfel

Für die Mandelkruste
50 g Butter
2 EL Zucker
1 TL Vanilleextrakt
50 g Mandeln, gehobelt

PIÑA-COLADA-MONKEY-BREAD

Für 1 Gugelhupfform mit
25 cm Ø (etwa 2 l Inhalt)
Zubereitungszeit: 40 Minuten
Ruhezeit: 40 Minuten
  + 25 Minuten
Backzeit: 25–30 Minuten

500 g Mehl, mehr für die Form
1 große Prise Salz
1 Ei
220 ml Milch
40 g Butter, mehr für die Form
60 g Zucker
1 Würfel frische Hefe (à 42 g)

Für die Füllung
etwa 250 g Ananas
  (aus der Dose), abgetropft
5 EL Kokosflocken
60 g Butter
80 g brauner Zucker

Außerdem
Puderzucker

Für den Teig in einer Schüssel das Mehl mit dem Salz vermengen und in die Mitte eine Mulde drücken. Das Ei aufschlagen und hineingeben. In einem Topf mit dickem Boden die Milch mit der Butter und dem Zucker erwärmen, dabei die Hefe hineinkrümeln. Die Hefe unter Rühren in der lauwarmen (nicht heißen!) Milch vollständig auflösen, dann die Hefemilch in die Mehlmulde gießen. Zuerst alles mit einem Kochlöffel vermengen, dann kurz mit bemehlten Händen durchkneten. Den Teig zu einer Kugel formen und, mit einem Küchentuch abgedeckt, an einem warmen Ort (siehe Tipp) etwa 40 Minuten gehen lassen, bis sich das Volumen annähernd verdoppelt hat.

Die Gugelhupfform fetten und mit Mehl bestauben.

Für die Füllung die Ananas in sehr kleine Stücke schneiden und mit den Kokosflocken vermischen. Die Butter schmelzen, etwas abkühlen lassen und den braunen Zucker einrühren.

Den Teig durchkneten und in walnussgroße Stücke zupfen. Diese zwischen den Handflächen zu Kugeln rollen, kurz in die Butter-Zucker-Mischung tauchen und in die Form legen. Zwischendurch immer wieder mit der Ananas-Kokos-Masse bestreuen. Zuletzt die restliche Buttermischung darüberträufeln. Nochmals 25 Minuten abgedeckt gehen lassen.

Den Backofen auf 160 °C Umluft (oder 180 °C Ober-/Unterhitze) vorheizen. Dann den Kuchen in 25–30 Minuten goldbraun backen. Sollte die Oberfläche zu braun werden, mit etwas Alufolie abdecken. Herausnehmen und nach etwa 10 Minuten aus der Form stürzen. Mit einem Hauch Puderzucker bestauben.

Tipp
Hefeteig braucht zum Gehen ein warmes Plätzchen. Das kann die sonnige Fensterbank sein oder auch der Backofen, der auf 40–45 °C vorgeheizt wurde.

Nicht die Schönheit
entscheidet, wen wir lieben,
die Liebe entscheidet,
wen wir schön finden.

PFIRSICH-SCHOKO-TORTE

Den Backofen auf 160 °C Umluft (oder 180 °C Ober-/Unter-hitze) vorheizen. Die Springform mit Backpapier auslegen.

Für den Teig die Butter mit dem Zucker, dem Vanillezucker und dem Salz schaumig schlagen. Nach und nach die Eier unterrüh-ren. In einer weiteren Schüssel das Mehl mit der Speisestärke, dem Backpulver und den Kokosflocken mischen, dann unter die Buttermasse rühren. Zuletzt die Schokolade reiben und untermengen. Den Teig in die Form füllen und etwa 40 Minu-ten backen. Auskühlen lassen, dann waagerecht halbieren.

Für die Schokomousse die Kuvertüre grob hacken und über dem Wasserbad schmelzen (siehe Seite 12); etwas abkühlen las-sen. Die Eier über dem Wasserbad schaumig aufschlagen, dabei den Vanillezucker einrieseln lassen. Die Kuvertüre und nach Belieben den Likör unterrühren. Abkühlen lassen. Die Sahne steif schlagen und unterheben. Die Mousse kühl stellen.

Für die Fruchtmousse die Gelatine in kaltem Wasser einwei-chen. Die Pfirsiche abtropfen lassen, einige zum Dekorieren bei-seitelegen. Die Bananen mit den Pfirsichen und dem Zitronen-saft im Mixer pürieren. In eine Schüssel füllen. Die Gelatine ausdrücken und bei geringer Temperatur auflösen. Etwa 2 EL Fruchtpüree unterrühren, dann die Mischung unter das restli-che Fruchtpüree ziehen. Die Sahne steif schlagen, den Zucker einrieseln lassen. Das Fruchtpüree unterrühren. Etwa 30 Minu-ten kühl stellen, bis die Masse zu gelieren beginnt.

Den unteren Kuchenboden mit einem Tortenring umschließen. Etwa ein Drittel der Fruchtcreme mittig wie eine Kuppel auf dem Boden verteilen, den Rand freilassen. Die Schokomousse (3 EL zu-rückbehalten) daneben einfüllen. Den zweiten Boden auflegen und die restliche Fruchtmousse darauf verteilen. Mit der übrigen Schokomousse leicht marmorieren. Mit Pfirsichspalten und Ko-koschips dekorieren. Mindestens 4 Stunden kühl stellen.

Für 1 Springform mit 26 cm Ø
Zubereitungszeit: 60 Minuten
Backzeit: 40 Minuten
Kühlzeit: 4 Stunden 30 Minuten

Für den Teig
120 g weiche Butter
160 g Zucker
1 Pck. Vanillezucker
1 Prise Salz
5 Eier
120 g Mehl
125 g Speisestärke
2 TL Backpulver
40 g Kokosflocken
40 g Zartbitterschokolade

Für die Schokomousse
200 g Kuvertüre
2 Eier
1 Pck. Vanillezucker
1–2 EL Kokoslikör (nach Belieben)
200 ml gut gekühlte Schlagsahne

Für die Fruchtmousse
6 Blatt weiße Gelatine (oder
  1 Pck. Gelatinepulver à 9 g)
220 g Pfirsiche (aus der Dose)
2 mittelgroße Bananen
1 EL frischer Zitronensaft
400 ml gut gekühlte Schlagsahne
2 EL Zucker

Außerdem
30 g Kokoschips

NUSSTALER

Den Backofen auf 160 °C Umluft (oder 180 °C Ober-/Unterhitze) vorheizen. Die Tortelett-Formen leicht fetten.

Für den Teig das Marzipan raspeln und die Butter in Stücke schneiden. Alle Zutaten rasch zu einem glatten Teig verkneten. Diesen zu einer Kugel formen und, in Klarsichtfolie gewickelt, für etwa 1 Stunde kühl stellen.

Den Teig auf leicht bemehlter Arbeitsfläche 3–4 mm dick ausrollen und Kreise in der Größe der Formen ausstechen. Diese in die vorbereiteten Förmchen legen, dabei einen kleinen Rand formen. Den Boden mehrmals mit einer Gabel einstechen und weitere 10 Minuten kühlen. Je ein Papier-Muffinförmchen oder zurechtgeschnittenes Backpapier auf den Teig legen und mit getrockneten Hülsenfrüchten beschweren. Die Torteletts im heißen Backofen 10–12 Minuten blindbacken, dann die Papierförmchen bzw. das Backpapier sowie die Hülsenfrüchte entfernen. Die Torteletts weitere 2 Minuten backen. Herausnehmen und auf einem Kuchengitter abkühlen lassen.

Für das Topping die Nüsse in einer Pfanne ohne Fett etwa 10 Minuten unter Wenden rösten. Die noch heißen Nüsse auf ein Geschirrtuch geben und so lange darin reiben, bis sich die Schale löst.

Die Aprikosenkonfitüre leicht erwärmen und auf die Taler streichen. Die Haselnüsse darauf verteilen. In einer Pfanne den Zucker bei niedriger Temperatur schmelzen und goldgelb karamellisieren. Die Butter hinzufügen und ebenfalls schmelzen. Mit 2 EL warmem Wasser und dem Nusslikör ablöschen und köcheln lassen, bis ein glatter Karamell entstanden ist. Vom Herd nehmen und den Karamell etwas abkühlen lassen. Danach mit einem Löffel auf den Nüssen verteilen. Die Kuvertüre im heißen Wasserbad (siehe Seite 12) schmelzen und über die Taler träufeln. Trocknen lassen.

Für 6–8 Tortelett-Formen
mit 10 cm Ø
Zubereitungszeit: 30 Minuten
Ruhezeit: 1 Stunde
Backzeit: 10–12 Minuten

Für den Teig
70 g Marzipan
60 g Butter, mehr für die Formen
125 g Mehl, mehr zum Verarbeiten
30 g Haselnüsse oder
   Macadamianüsse, gemahlen
1 Eigelb
40 g Zucker
1 Prise Salz

Für das Topping
200 g ganze Haselnüsse oder
Macadamianüsse (mit Haut)
4 EL Aprikosenkonfitüre
120 g Zucker
1 EL Butter
2 EL Nusslikör
70 g weiße Kuvertüre

FRANKFURTER KRANZ mit Heidelbeeren

Für 1 Kranzform mit 26 cm Ø
Zubereitungszeit: 45 Minuten
Backzeit: 40–45 Minuten

Für den Teig
200 g weiche Butter
200 g Zucker
1 Pck. Vanillezucker
abgeriebene Schale von
   ½ unbehandelten Zitrone
6 Eier | 1 Prise Salz
200 g Mehl
120 g Speisestärke
3 TL Backpulver
50 ml Milch
2 EL Rum
Butter und Paniermehl
   für die Form

Für die Buttercreme
1 Pck. Vanillepuddingpulver
350 ml Milch
70 g Zucker
Mark von 1 Vanilleschote
220 g zimmerwarme Butter

Für den Krokant
80 g Zucker
1 Prise Salz
1 EL Butter
120 g Mandeln, gehackt

Außerdem
200 g Heidelbeergelee
120 g frische Heidelbeeren

Den Backofen auf 160 °C Umluft (oder 175 °C Ober-/Unterhitze) vorheizen. Die Kranzform fetten und mit Paniermehl bestreuen.

Für den Teig die Butter mit dem Zucker, dem Vanillezucker und der Zitronenschale cremig schlagen. Nach und nach die Eier und das Salz unterrühren. Das Mehl mit der Speisestärke und dem Backpulver mischen, dann abwechselnd mit der Milch unter den Teig rühren. Den Rum unterziehen. Den Teig in die Form füllen und 40–45 Minuten backen. Den Kuchen in der Form etwas abkühlen lassen, dann stürzen und vollständig abkühlen lassen. Zweimal waagerecht durchschneiden.

Nun zunächst den Krokant zubereiten. Dazu in einer Pfanne den Zucker schmelzen, das Salz und die Butter hinzufügen und rühren, bis ein glatter Karamell entstanden ist. Die Mandeln dazugeben und karamellisieren, dann auf ein gefettetes Stück Alufolie geben und auskühlen lassen. Die Masse in einen Gefrierbeutel füllen und mit einer Teigrolle etwas zerkleinern.

Für die Füllung das Puddingpulver mit 3 EL Milch anrühren. Die restliche Milch mit dem Zucker und dem Vanillemark aufkochen. Das angerührte Puddingpulver in die kochende Milch rühren. Die Masse sofort in eine Schüssel füllen und direkt auf den Pudding ein Stück Klarsichtfolie auflegen, damit sich keine Haut bildet. Zimmerwarm abkühlen lassen. Die Butter etwa 5 Minuten weißlich aufschlagen, dann nach und nach den Pudding dazugeben und alles zu einer glatten, schaumigen Creme rühren.

Den unteren Teigring auf eine Tortenplatte legen und mit der Hälfte des Heidelbeergelees bestreichen. Dann ein Drittel der Buttercreme darauf verteilen. Mit dem zweiten Boden belegen, das restliche Gelee darauf verstreichen und mit dem zweiten Drittel der Buttercreme bedecken. Den dritten Teigring auflegen. Mit der verbliebenen Buttercreme sowie den frischen Heidelbeeren dekorieren und mit dem Krokant bestreuen.

TIRAMISU-TORTE

Für 1 Springform mit 18 cm Ø
Zubereitungszeit: 40 Minuten
Backzeit: je Boden 10–15 Minuten

Für den Biskuit
4 Eier
110 g Zucker
1 Pck. Vanillezucker
1 Prise Salz
130 g Mehl
20 g Speisestärke
1 TL Backpulver
Butter und Mehl für die Form

Für die Espressocreme
1 Tässchen Espresso,
  frisch gebrüht und abgekühlt
5 cl Amaretto (Mandellikör)
4 Blatt weiße Gelatine
500 g Mascarpone
75 g Zucker
2 EL abgeriebene Schale von
  1 unbehandelten Orange
250 ml gut gekühlte Schlagsahne

Außerdem
50 g dunkle Kuvertüre
1 EL Kakaopulver

Den Backofen auf 160 °C Umluft (oder 180 °C Ober-/Unterhitze) vorheizen. Die Springform leicht fetten und mit Mehl bestauben.

Für den Biskuit die Eier trennen. Das Eigelb mit dem Zucker und dem Vanillezucker schaumig rühren. Das Eiweiß mit 5 EL warmem Wasser und dem Salz steif schlagen, dann zur Eigelbmischung geben. In einer weiteren Schüssel das Mehl mit der Speisestärke und dem Backpulver mischen, über die Eimasse sieben und vorsichtig unterheben. Den Teig in zwei Portionen teilen und nacheinander je 10–15 Minuten backen. Anschließend auskühlen lassen.

Für die Espressocreme den Espresso mit dem Amaretto mischen. Die Gelatine in kaltem Wasser einweichen. Den Mascarpone mit der Espresso-Amaretto-Mischung, dem Zucker und der Orangenschale zu einer homogenen Masse verrühren und diese bis zur weiteren Verarbeitung kalt stellen. Die Gelatine ausdrücken und in einem kleinen Topf bei niedriger Temperatur auflösen. Etwa 3 EL der Espressocreme hinzufügen und unterrühren, dann die Gelatinemasse zur restlichen Espressocreme geben und untermengen. Die Sahne steif schlagen und in zwei Portionen unterheben. Die Creme etwa 10 Minuten kühl stellen, bis sie zu gelieren beginnt.

Für die Dekoration die Kuvertüre grob hacken und über dem Wasserbad schmelzen, dann hauchdünn auf einen Bogen Backpapier streichen. Dieses aufrollen und etwa 10 Minuten in das Gefrierfach legen.

Einen der Biskuitböden auf eine Kuchenplatte legen, etwa zwei Drittel der Espressocreme darauf verteilen, den zweiten Boden auflegen und mit der restlichen Creme bedecken. Glatt streichen. Die Schokolade aus dem Kühlschrank nehmen, das Papier entrollen und die so entstandenen Schokostücke über die Torte streuen. Mit Kakao bestauben und bis zum Verzehr kühl stellen.

BLUEBERRY-MASCARPONE-SHORTCAKE

Den Backofen auf 170 °C Umluft vorheizen. Die Springform leicht fetten und mit Backpapier auslegen.

Für den Teig die Butter mit dem Zucker, dem Vanillezucker und dem Salz schaumig schlagen. Nach und nach die Eier dazugeben. In einer weiteren Schüssel das Mehl mit der Stärke und dem Backpulver mischen und sehr vorsichtig unter die Buttermasse heben, damit der Teig nicht an Lockerheit verliert. Ganz kurz verrühren, bis ein geschmeidiger Teig entsteht (der allerdings deutlich fester ist als normaler gerührter Kuchenteig).

Den Teig in drei Portionen teilen. Eine Portion mit den Händen in die Springform drücken und im heißen Backofen in etwa 15 Minuten goldbraun backen. Danach den Springformrand öffnen, aber den Kuchenboden noch 5 Minuten in der Form lassen, dann samt Backpapier herausheben und vollständig auskühlen lassen. Erst dann das Papier abziehen. Mit den restlichen Teigportionen ebenso verfahren.

Für die Mascarponecreme die Sahne steif schlagen und dabei nach und nach den gesiebten Puderzucker unterrühren. Zum Schluss vorsichtig den Mascarpone unterheben und nach Belieben mit Vanillemark verfeinern.

Den untersten Kuchenboden auf eine Tortenplatte setzen und mit einem Drittel der Creme bestreichen. Den zweiten Boden auflegen, wiederum mit einem Drittel der Creme bestreichen und mit dem dritten Boden und der restlichen Creme ebenso verfahren. Dabei darf ruhig ein wenig Creme an den Seiten herausquellen, dann sieht die Torte besonders appetitlich aus. Mit den Heidelbeeren dekorieren.

Für 1 Springform mit 18 cm Ø
Zubereitungszeit: 60 Minuten
Backzeit: je Boden 15 Minuten

Für den Teig
320 g zimmerwarme Butter,
  mehr für die Form
160 g Zucker
1 Pck. Vanillezucker
1 Prise Salz
2 zimmerwarme Eier
350 g Mehl
50 g Kartoffelstärke
1 EL Backpulver

Für die Mascarponecreme
250 ml gut gekühlte Schlagsahne
3 EL Puderzucker
250 g Mascarpone
Mark von 1 Vanilleschote
  (nach Belieben)

Außerdem
frische Heidelbeeren

ALLES, WAS SIE HIER SEHEN,

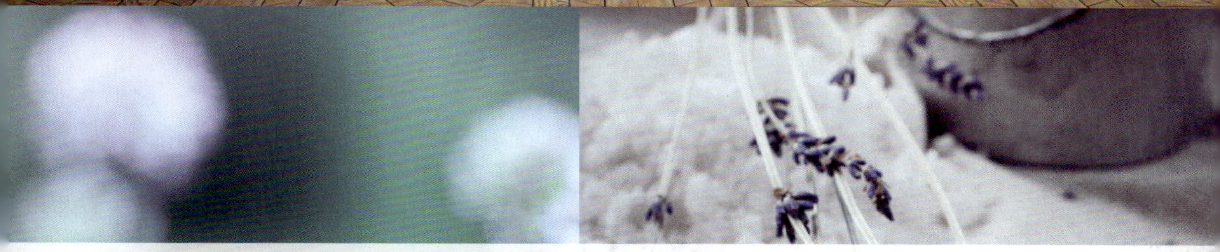

VERDANKE ICH SPAGHETTI.

MARC-DE-CHAMPAGNE-TRÜFFEL

Für etwa 50 Stück
Zubereitungszeit: 20 Minuten
Kühlzeit: 4 Stunden

Für die Trüffel
180 g Zartbitterschokolade
50 g Vollmilchschokolade
100 ml Sahne
30 g Zucker
½ Vanilleschote
40 g Butter
60 ml Marc de Champagne

Außerdem
essbarer Goldflitter (siehe Tipp)

Die Schokolade in kleine Stücke brechen oder raspeln. In der Zwischenzeit in einem Topf die Sahne zusammen mit dem Zucker erhitzen. Die Vanilleschote längs aufschneiden, das Mark herausschaben und mit der Butter zur Sahnemischung geben. Die Schokoladenstücke hinzufügen und unter Rühren bei niedriger Temperatur schmelzen. Die Masse etwas abkühlen lassen, dann den Marc de Champagne unterrühren.

Die Masse in Silikon-Pralinenformen oder Eiswürfelförmchen füllen. Die Trüffel im Kühlschrank fest werden lassen, dann aus der Form lösen und mit einem trockenen Pinsel den Goldflitter auftragen.

Tipp
Kühl gelagert halten sich die Trüffel bis zu zwei Wochen. In feinem Pralinenpapier, oder in einer Geschenkschachtel verpackt, sind sie ein köstliches Mitbringsel, das durch den edlen Goldflitter auch optisch etwas hermacht. Der Goldflitter ist in gut sortierten Geschäften in der Abteilung für Confiserie-Zubehör bzw. im Internet erhältlich.

Beschwipste PEKANNUSS-BROWNIES

Die Backform mit nassem Backpapier auslegen. Dieses gibt beim Backen etwas Feuchtigkeit an den Teig ab, sodass dieser eine schöne Konsistenz erhält. Den Backofen auf 150 °C Umluft vorheizen.

Für den Teig die Schokolade hacken und mit der Butter im heißen Wasserbad schmelzen (siehe Seite 12). Etwa 5 Minuten abkühlen lassen. Die Eier trennen. Das Eiweiß mit dem Salz steif schlagen. Das Eigelb mit dem Zucker und dem Vanillezucker verrühren, dann den Likör dazugeben. Die flüssige Schoko-Butter-Masse löffelweise unterrühren, dann das Mehl unterarbeiten. Zum Schluss den Eischnee unterheben und alles vorsichtig verrühren.

Den Teig in die vorbereitete Form füllen und glatt streichen. Im heißen Backofen etwa 25 Minuten backen. Nach 10 Minuten Backzeit die Backform kurz herausnehmen und die Pekannüsse in regelmäßigem Abstand auf dem Teig verteilen. Dann fertig backen. Zur Garprobe ein Holzstäbchen in die Kuchenmitte stechen; beim Herausziehen soll noch etwas Teig daran kleben, damit die Brownies später die typische, leicht feuchte Konsistenz behalten. Den Kuchen auskühlen lassen.

Die Kuvertüre zusammen mit dem Kokosfett über einem heißen Wasserbad schmelzen (siehe Seite 12) und anschließend mithilfe eines Löffels in einem hübschen Muster auf dem Kuchen verteilen. Den Kuchen in zwölf Rechtecke schneiden, sodass jedes Brownie in der Mitte eine Pekannuss enthält.

Tipp
Statt mit Kuvertüre schmecken die Brownies auch mit einem Klecks Sahne oder Vanilleeis.

Für 1 viereckige Backform mit 20 x 23 cm bzw. 12 Stück
Zubereitungszeit: 20 Minuten
Backzeit: 25 Minuten

Für den Teig
160 g Zartbitterschokolade
125 g Butter
3 Eier
1 Prise Salz
125 g Zucker
1 Pck. Vanillezucker
4 EL Nusslikör
70 g Mehl

Außerdem
12 Pekannüsse
70 g weiße Kuvertüre
½ TL Kokosfett

Italienisches SCHOKOLADENBROT

Für 1 Laib Brot
Zubereitungszeit: 20 Minuten
Ruhezeit: 1 Stunde 30 Minuten
Backzeit: 22 Minuten

210 g Mehl, mehr zum Verarbeiten
2 EL Zucker
1 Pck. Vanillezucker
¼ TL Salz
2 EL Kakaopulver
30 g Butter,
  ggf. mehr für das Blech
1 Pck. Trockenhefe
abgeriebene Schale
  von ½ unbehandelten Orange
40 g Zartbitterschokotropfen
1 TL Butter, zerlassen

Ein Backblech fetten oder mit Backpapier belegen. In einer Schüssel das Mehl mit dem Zucker, dem Vanillezucker, dem Salz und dem Kakao mischen, dann die Butter dazugeben. Die Hefe und die Orangenschale darüberstreuen. Nach und nach 140 ml lauwarmes Wasser hinzufügen und mit den Händen kneten, bis sich der Teig von der Schüsselwand löst. Etwas Mehl auf die Arbeitsplatte streuen und den Teig mit bemehlten Händen etwa 5 Minuten kneten. Zum Schluss die Schokotropfen einarbeiten.

Den Teig zu einer Kugel formen und auf das Backblech legen. Mit einem sauberen Küchentuch abdecken und etwa 1 ½ Stunden an einem warmen Ort gehen lassen, bis sich das Volumen verdoppelt hat.

Den Backofen auf 220 °C Ober-/Unterhitze vorheizen. Das Brot etwa 10 Minuten backen, dann die Temperatur auf 190 °C reduzieren und noch etwa 12 Minuten weiterbacken. Das Brot aus dem Backofen nehmen und auf ein Kuchengitter setzen, mit der zerlassenen Butter bestreichen und, mit einem Küchentuch abgedeckt, auskühlen lassen.

Tipp
Anstelle der Orangenschale passen auch Nüsse oder verschiedene Gewürze gut zu diesem Brot. Es harmoniert zum Beispiel im Winter ganz wunderbar mit Kardamom und anderen Weihnachtsgewürzen wie Zimt oder Nelken.

SACHERTORTE

Für 1 Springform mit 24 cm Ø
Zubereitungszeit: 90 Minuten
Backzeit: 60 Minuten

Für den Teig
160 g Zartbitterschokolade
160 g weiche Butter,
    mehr für die Form
110 g Zucker
1 Pck. Vanillezucker
abgeriebene Schale
    von ½ unbehandelten Orange
6 Eier
1 Prise Salz
140 g Mehl, mehr für die Form
20 g Speisestärke

Zum Füllen und Tränken
2 EL Orangenlikör
    (oder brauner Rum)
2 TL Zucker
150 g Aprikosenkonfitüre

**Zum Eindecken
und für den Guss**
50 g Puderzucker
    plus 2 EL zum Verarbeiten
200 g Marzipanrohmasse
50 g Zucker
150 g dunkle Kuvertüre
70 ml Sahne
20 g Butter
Pralinen zum Dekorieren
    (nach Belieben)

Den Backofen auf 170 °C Ober-/Unterhitze vorheizen. Die Springform fetten und mit Mehl bestauben.

Für den Teig die Schokolade grob hacken und über dem Wasserbad schmelzen, dann etwas abkühlen lassen. Die Butter mit dem Zucker, dem Vanillezucker und der Orangenschale cremig rühren, dann die Eier trennen und das Eigelb unterrühren. Die etwas abgekühlte Schokolade untermengen. Das Eiweiß mit dem Salz steif schlagen und in zwei Portionen unterheben. Das Mehl mit der Speisestärke mischen, über den Teig sieben und unterziehen. Die Masse in die Springform füllen und 55–60 Minuten backen. Die Stäbchenprobe machen (siehe Seite 12). Den Tortenboden herausnehmen, auskühlen lassen, aus der Form lösen und waagerecht halbieren.

In einem kleinen Topf den Likör mit dem Zucker und 2 EL Wasser aufkochen und rühren, bis sich der Zucker gelöst hat. Den unteren Kuchenboden mit der Mischung tränken. Die Konfitüre erwärmen und glatt rühren; die Hälfte davon auf dem unteren Boden verteilen, den zweiten Boden aufsetzen und diesen mit der restlichen Konfitüre dünn bestreichen.

Die Arbeitsfläche mit 2 EL Puderzucker bestauben. Den restlichen Puderzucker mit der Marzipanrohmasse verkneten und diese rund (etwa 26 cm Ø) ausrollen. Die Marzipanplatte mithilfe einer Teigrolle auf die Torte legen, glatt streichen und einige Minuten kühl stellen.

Inzwischen den Zucker mit 5 EL Wasser unter Rühren aufkochen und auflösen. Vom Herd nehmen. Die Kuvertüre fein hacken und in einer Metallschüssel zusammen mit der Sahne und der Butter über dem Wasserbad schmelzen (siehe Seite 12). Die Zuckerlösung unter die Kuvertüre-Sahne-Mischung rühren und den Guss mit einer Schöpfkelle über die Torte gießen. Nach Belieben mit Pralinen verzieren und 1 Tag durchziehen lassen.

SCHOKO-GUGELHUPF

Den Backofen auf 170 °C Umluft (oder 190 °C Ober-/Unterhitze) vorheizen. Die Gugelhupfform fetten.

In einer Schüssel das Mehl mit dem Kakao und dem Backpulver vermengen. In einer weiteren Schüssel die Butter mit dem Zucker und dem Vanillezucker schaumig aufschlagen. Nach und nach die Eier und das Salz dazugeben und unterrühren. Die Milch und den Honig hinzufügen und mit dem Schneebesen etwa 2 Minuten unterschlagen. Die Mehlmischung dazugeben und alles zu einem glatten Teig verrühren. Den Teig in die vorbereitete Backform füllen.

Ein tiefes Blech etwa 2 cm hoch mit heißem Wasser füllen und die Form hineinstellen. Den Kuchen im heißen Backofen etwa 70 Minuten backen (nach 30 Minuten mit Alufolie abdecken). Die Stäbchenprobe machen (siehe Seite 12).

Den Kuchen kurz auf einem Kuchengitter abkühlen lassen, dann aus der Form stürzen (siehe Seite 13) und vollständig abkühlen lassen. Leicht mit Puderzucker bestauben.

**Für 1 Gugelhupfform
mit 1 l Inhalt**
Zubereitungszeit: 20 Minuten
Backzeit: 70 Minuten

100 g Mehl
4 EL Kakaopulver
1 TL Backpulver
220 g weiche Butter,
  mehr für die Form
190 g Zucker
1 Pck. Vanillezucker
4 Eier
1 Prise Salz
3 EL Milch
120 g Honig

Außerdem
Puderzucker

TORTA DI NOCCIOLE mit Orangenganache

Für 1 Kranzform mit 26 cm Ø
Zubereitungszeit: 60 Minuten
Backzeit: 45 Minuten

Für den Teig
250 g ganze Haselnüsse
200 g weiche Butter,
  mehr für die Form
180 g Zucker
1 Pck. Vanillezucker
1 Prise Salz
5 EL Nusslikör (oder Sirup)
6 Eier
120 g Mehl, mehr für die Form
50 g Speisestärke
2 EL Kakaopulver
3 TL Backpulver
2 EL Aprikosenkonfitüre
  (oder Orangenmarmelade)

Für die Ganache
200 g weiße Schokolade
100 ml Sahne
abgeriebene Schale von
  1 unbehandelten Orange

Den Backofen auf 180 °C Umluft vorheizen. Die Haselnüsse auf einem Backblech ausbreiten und im vorgeheizten Backofen etwa 10 Minuten rösten, bis sie duften. Etwa 20 Nüsse zum Dekorieren beiseitelegen, die restlichen Nüsse noch warm auf ein Küchentuch geben und reiben, bis sich die braune Schale löst. Anschließend fein mahlen. Die Backform fetten und mit Mehl bestauben. Die Backofentemperatur auf 175 °C reduzieren.

Die Butter mit dem Zucker, dem Vanillezucker, dem Salz und dem Nusslikör cremig aufschlagen. Nach und nach die Eier unterrühren. In einer weiteren Schüssel die gemahlenen Nüsse, das Mehl, die Speisestärke, den Kakao und das Backpulver mischen, dann unter die Buttermasse rühren. Den Teig in die Form füllen und im heißen Backofen etwa 45 Minuten backen.

Die Konfitüre leicht erwärmen und glatt rühren. Den fertig gebackenen Kuchen aus der Form lösen, noch heiß mit der Konfitüre bestreichen und auskühlen lassen.

Für die Ganache die Schokolade grob hacken und mit der Sahne über dem warmen Wasserbad schmelzen (siehe Seite 12). Die Orangenschale dazugeben und unterrühren. Sobald die Schokolade geschmolzen ist, vom Wasserbad nehmen und 30–40 Minuten abkühlen lassen, bis die Ganache anfängt, fest zu werden. Dann mit einem Schneebesen etwa 5 Minuten weißlich aufschlagen. Die Schokomasse in einen Spritzbeutel mit Sterntülle geben (siehe Seite 13) und kleine Tuffs auf den Kuchen spritzen. Mit den ganzen Haselnüssen dekorieren.

kühl,

reduziert

&

unnahbar

CRÈME-BRULÉE-SCHNITTEN

Für den Teig die Butter in Stücke schneiden und mit den übrigen Zutaten sowie 2 EL kaltem Wasser rasch zu einem geschmeidigen Teig verkneten. Den Teig mit den Händen in die gefettete Backform drücken, sodass ein flacher Boden entsteht, und diesen mehrmals mit einer Gabel einstechen. Die Form für 1 Stunde kalt stellen. Inzwischen den Backofen auf 150 °C Umluft vorheizen, dann den Boden darin 15–20 Minuten vorbacken.

Für die Crème brulée die Vanilleschote längs aufschneiden und das Mark herausschaben. Von der Milch 6 EL abnehmen und mit der Stärke glatt rühren. Die restliche Milch mit dem Vanillemark, der Sahne, dem Zucker und dem Salz aufkochen. Die angerührte Stärke hinzufügen. Unter Rühren etwa 2 Minuten köcheln lassen, dann vom Herd nehmen und etwa 10 Minuten abkühlen lassen. Das Eigelb nach und nach unter die warme Vanillemilch rühren. Die Crème brulée auf dem vorgebackenen Kuchenboden verteilen. Weitere 20 Minuten backen, herausnehmen und in der Form abkühlen lassen.

Den Kuchen mit einem Messer vom Rand der Form lösen, dann mit 3 EL Zucker bestreuen. Die Oberfläche entweder im Backofen oder mithilfe eines Gourmetbrenners karamellisieren. Zum Servieren den Kuchen mit einem scharfen Messer in Rechtecke schneiden.

Für 1 Backform mit 26 x 20 cm
Zubereitungszeit: 30 Minuten
Ruhezeit: 60 Minuten
Backzeit: 40 Minuten

Für den Teig
80 g kalte Butter,
  mehr für die Form
150 g Mehl
70 g Zucker
1 Prise Salz

Für die Crème brulée
1 Vanilleschote
300 ml Milch
3 EL Speisestärke
200 ml Schlagsahne
110 g Zucker plus
  3 EL zum Bestreuen
1 Prise Salz
6 Eigelb

KÄSESAHNETORTE mit Madeira-Pflaumen

Für 1 Springform mit 24 cm Ø

Zubereitungszeit: 60 Minuten

Ruhezeit: 30 Minuten

Backzeit: je Boden 12 Minuten

Kühlzeit: 6 Stunden

Für den Teig

250 g Mehl, mehr für die Form
   und zum Verarbeiten

80 g Zucker

1 Prise Salz

1 Ei

125 g Butter, mehr für die Form

Für die Füllung

500 g Pflaumen

150 ml Madeira (Likörwein)

90 g brauner Zucker

8 Blatt Gelatine

750 g Magerquark

Saft und Schale von
   1 unbehandelten Zitrone

120 g Zucker

1 Pck. Vanillezucker

400 ml gut gekühlte Schlagsahne

Außerdem

Puderzucker

Für den Mürbeteig das Mehl mit dem Zucker, dem Salz, dem Ei und der Butter rasch zu einem glatten Teig verkneten. Diesen in zwei Portionen teilen und jede zu einer Kugel formen. In Klarsichtfolie gewickelt, für 30 Minuten kühl stellen. Inzwischen den Backofen auf 160 °C Umluft (oder 180 °C Ober-/Unterhitze) vorheizen. Den Boden der Springform fetten und mit Mehl bestauben.

Eine Teigportion auf leicht bemehltem Backpapier zu einer runden Platte (24 cm Ø) ausrollen. Diese in die Form legen und mit einer Gabel mehrmals einstechen. Etwa 12 Minuten backen, anschließend 5–10 Minuten abkühlen lassen. Aus der Form lösen, auf eine Tortenplatte setzen, mit einem Tortenring umgeben und auskühlen lassen.

Die zweite Teigportion wie beschrieben ausrollen und backen, dann noch warm in beliebig viele Tortenstücke schneiden und ebenfalls auskühlen lassen.

Für die Füllung die Pflaumen halbieren und entsteinen. Mit dem Madeira und dem braunen Zucker aufkochen, dann 2–3 Minuten köcheln lassen. Die Pflaumen in einem Sieb abtropfen lassen.

Die Gelatine in kaltem Wasser einweichen. Den Quark mit 2 EL Zitronensaft, der Zitronenschale sowie dem Zucker und dem Vanillezucker glatt rühren. Die Sahne steif schlagen. Die Gelatine ausdrücken, bei geringer Temperatur auflösen und mit 3 EL Quarkmasse verrühren. Diese Mischung unter den restlichen Quark rühren, zuletzt vorsichtig die Sahne unterheben.

Von der Creme ein Drittel abnehmen und auf den Mürbeteigboden geben. Mit den Pflaumen, dann mit der verbliebenen Creme bedecken und glatt streichen. Den geteilten zweiten Boden daraufgeben. Mindestens 6 Stunden kalt stellen, dann vorsichtig vom Ring lösen und mit Puderzucker bestauben.

LEMON-MERINGUE-TARTE

Für 1 Tarteform mit 26 cm Ø
Zubereitungszeit: 60 Minuten
Ruhezeit: 30 Minuten
Backzeit: 20 Minuten

Für den Teig
200 g Mehl, mehr für die Form
    und zum Verarbeiten
120 g kalte Butter in Stücken,
    mehr für die Form
1 Ei
80 g Zucker
1 Pck. Vanillezucker
1 Prise Salz

Für die Zitronencreme
4–5 unbehandelte Zitronen
110 g Zucker
30 g Speisestärke
2 EL Butter
5 Eier

Für das Baiser
1 Prise Salz
110 g Zucker

Für den Mürbeteig alle Zutaten mit 2 EL kaltem Wasser zu einem glatten Teig verarbeiten. Zu einer Kugel formen und, in Klarsichtfolie gewickelt, für 1 Stunde kühl stellen.

Den Backofen auf 180 °C Ober-/Unterhitze vorheizen. Die Tarteform fetten und mit Mehl bestauben. Den Teig leicht mit Mehl bestauben und zwischen zwei Lagen Klarsichtfolie rund (etwa 30 cm Ø) ausrollen. In die Tarteform legen und den Rand andrücken. Überschüssigen Teig abschneiden. Den Boden mehrmals einstechen und die Form für etwa 30 Minuten kalt stellen.

Den Teig wie auf Seite 20 beschrieben auf unterster Schiene 15–20 Minuten blindbacken. Abkühlen lassen.

Für die Zitronencreme die Schale von zwei Zitronen fein abreiben. Alle Früchte auspressen und 150 ml des Saftes abmessen. Den Zitronensaft mit 100 ml Wasser, der Zitronenschale und dem Zucker mischen. Davon 4 EL abnehmen und die Stärke damit glatt rühren, diese zur restlichen Zitronenmischung geben und alles unter ständigem Rühren aufkochen und andicken lassen. Die Butter darin schmelzen. Etwas abkühlen lassen. Vier Eier trennen. Das Eiweiß für das Baiser beiseitestellen, die 4 Eigelb und das ganze Ei unter die Zitronencreme rühren. Die Creme weitere 3–5 Minuten unter ständigem Rühren leicht erhitzen, bis die Masse so eingedickt ist, dass sie schwer vom Löffel tropft. Kurz abkühlen lassen, dann auf den vorgebackenen Kuchenboden streichen. Mit Klarsichtfolie, die unmittelbar auf der Creme aufliegen soll, abdecken.

Für das Baiser das Eiweiß mit dem Salz steif schlagen, den Zucker einrieseln lassen. So lange schlagen, bis die Baisermasse zu glänzen beginnt. Die Folie von der Tarte entfernen und den Eischaum locker darauf verteilen. Im heißen Backofen (idealerweise mit Grillfunktion) etwa 10 Minuten goldbraun backen, dann 30 Minuten abkühlen lassen.

MACADAMIA-NUT-PIE

Den Backofen auf 160 °C Umluft vorheizen. Die Form fetten und mit Mehl bestauben.

Für den Teig das Mehl, den Zucker, den Vanillezucker, das Eigelb, die in kleine Würfel geschnittene Butter und das Salz in eine Schüssel geben. Alles mit den Händen verkneten und zwischen den Fingern zu Streuseln verreiben. Zwei Drittel des Teiges als Boden in die vorbereitete Form drücken. Aus dem Rest einen etwa 2 cm hohen Rand formen. Im vorgeheizten Backofen 10–12 Minuten vorbacken.

Für die Füllung die Nüsse auf dem vorgebackenen Kuchenboden verteilen. Die Butter schmelzen. Inzwischen die Eier mit dem Zucker und dem Salz schaumig aufschlagen. Die Stärke mit dem Likör und der Sahne glatt rühren und zusammen mit der geschmolzenen Butter zur Eiermasse hinzufügen. Alles gut vermengen, dann die Masse über die Nüsse gießen und den Kuchen 25–30 Minuten backen. Die Pie 5 Minuten vor Ende der Backzeit mit den Kokoschips bestreuen.

Abkühlen lassen und mit einem Hauch Puderzucker bestauben.

Tipp
Für eine alkoholfreie Variante den Vanillelikör durch eine Mischung aus 3 EL Vanillesirup und 2 EL Sahne ersetzen.

Für 1 Tarte- oder Springform mit 24 cm Ø
Zubereitungszeit: 35 Minuten
Backzeit: 40 Minuten

Für den Teig
150 g Mehl, mehr für die Form
60 g Zucker
1 Pck. Vanillezucker
1 Eigelb
80 g kalte Butter,
   mehr für die Form
1 Prise Salz

Für die Füllung
200 g Macadamianüsse
30 g Butter
3 Eier
60 g brauner Zucker
½ TL Salz
2 EL Speisestärke
5 EL Vanillelikör
100 ml Sahne

Außerdem
40 g Kokoschips
Puderzucker

LAVENDEL-MADELEINES

Den Backofen auf 160 °C Umluft (oder 180 °C Ober-/Unterhitze) vorheizen und die Mulden der Backform fetten. Die Butter mit dem Zucker, dem Vanillezucker, der Zitronenschale, dem Schmand und dem Lavendelöl schaumig rühren. Die Eier trennen. Das Eiweiß beiseitestellen, das Eigelb mit der Butter-Zucker-Mischung vermengen. In einer weiteren Schüssel das Mehl mit der Speisestärke, dem Backpulver und den Mandeln mischen und esslöffelweise unter die Eigelbmasse ziehen. Das Eiweiß mit dem Salz steif schlagen und vorsichtig unterheben.

Die Hälfte des Teiges in die Mulden der Backform füllen und im heißen Backofen 8–10 Minuten backen. Etwas abkühlen lassen, dann die Madeleines aus den Mulden lösen. Die Backform säubern, die Mulden erneut fetten und den restlichen Teig ebenso backen.

Die Madeleines mit Puderzucker bestauben.

Tipp
Statt des Lavendelöls kann man auch getrocknete Lavendelblüten verwenden. Beides ist in der Apotheke oder in Internetshops erhältlich, oder Sie trocknen die Pflanzen selbst und bewahren sie für den späteren Bedarf auf.

Für 24 Madeleines
Zubereitungszeit: 15 Minuten
Backzeit: je Portion 8–10 Minuten

Für den Teig
125 g weiche Butter,
  mehr für die Form
90 g Zucker
1 Pck. Vanillezucker
abgeriebene Schale von
  ½ unbehandelten Zitrone
2 EL Schmand
3 Tropfen Lavendelöl
2 Eier
80 g Mehl
40 g Speisestärke
1 TL Backpulver
60 g Mandeln, gemahlen
1 Prise Salz

Außerdem
Puderzucker

Große Philosophen,
große Dichter
haben versucht,
Liebe zu erklären.
Wer bin ich schon,
dass ich es
besser könnte?!

Exotische MANGO-STRACCIATELLA-ROLLE

Für 1 Biskuitrolle
Zubereitungszeit: 60 Minuten
Backzeit: 8–10 Minuten
Kühlzeit: 2 Stunden

Für den Biskuit
4 Eier
1 Prise Salz
90 g Zucker,
  mehr zum Verarbeiten
80 g Mehl
30 g Speisestärke
1 gestr. TL Backpulver
2 EL Kakaopulver

Für die Füllung
½ reife Mango
5 Blatt weiße Gelatine
200 g Schmand
60 g Zucker
1 Pck. Vanillezucker
4 EL Kokoslikör
200 ml gut gekühlte Schlagsahne
40 g Zartbitterschokolade,
  geraspelt

Den Backofen auf 190 °C Ober-/Unterhitze vorheizen. Ein Backblech mit Backpapier belegen.

Für den Biskuit die Eier trennen. Das Eiweiß mit dem Salz und 2 EL kaltem Wasser steif schlagen, dabei den Zucker einrieseln lassen. Das Eigelb unterrühren. In einer weiteren Schüssel das Mehl, die Stärke und das Backpulver mischen, über die Eiermasse sieben und vorsichtig unterheben.

Etwa 5 EL Teig entnehmen und mit dem Kakao verrühren. In einen Spritzbeutel mit Lochtülle füllen und in beliebigem Muster auf das Backpapier auftragen. Die restliche helle Biskuitmasse auf das Blech streichen und 8–10 Minuten backen.

Anschließend rasch auf ein mit Zucker bestreutes, sauberes Küchentuch stürzen. Das Backpapier abziehen. Die gemusterte Oberfläche befindet sich jetzt oben, daher den Teig auf ein weiteres Küchentuch stürzen, sodass die schöne Seite sich nun unten befindet. Den Biskuit sofort mithilfe des Tuchs eng aufrollen und vollständig auskühlen lassen.

Für die Füllung das Mangofruchtfleisch vom Stein schneiden, schälen und klein würfeln. Die Gelatine etwa 5 Minuten in kaltem Wasser einweichen. Den Schmand mit dem Zucker, dem Vanillezucker und dem Kokoslikör verrühren. Die Gelatine ausdrücken, unter Rühren erwärmen und auflösen.

Die Schmandcreme löffelweise unter die Gelatine rühren. Etwa 10 Minuten kalt stellen, bis die Creme anfängt zu gelieren. Die Sahne steif schlagen, dann unterheben. Zum Schluss die Mangostücke und die geraspelte Schokolade unterziehen.

Den Biskuit entrollen und die Creme darauf verstreichen. Vorsichtig wieder aufrollen und für etwa 2 Stunden kalt stellen.

APRIKOSENMUFFINS mit kandiertem Ingwer

Den Backofen auf 175 °C Ober-/Unterhitze (oder 150 °C Umluft) vorheizen. Das Muffinblech mit Papierförmchen bestücken.

In einer Schüssel die Butter mit dem Zucker und dem Vanillezucker schaumig rühren. Das Ei und das Salz untermengen. In einer weiteren Schüssel das Mehl mit dem Backpulver mischen. Diese Mischung abwechselnd mit dem Naturjoghurt unter die Buttermasse rühren. Den Ingwer in kleine Stücke schneiden und untermischen.

In jedes Papierförmchen etwa 1 EL Teig einfüllen. Darauf je 1 TL Aprikosenkonfitüre verteilen und mit dem restlichen Teig bedecken. Die Muffins im vorgeheizten Backofen in etwa 25 Minuten hellgelb backen, kurz auskühlen lassen und leicht mit Puderzucker bestauben.

Für 12 Muffins
Zubereitungszeit: 15 Minuten
Backzeit: 25 Minuten

125 g weiche Butter
120 g Zucker
1 Pck. Vanillezucker
1 Ei
1 Prise Salz
200 g Mehl
3 TL Backpulver
200 g Naturjoghurt
40 g kandierter Ingwer
etwa ½ Glas Aprikosenkonfitüre

Außerdem
Puderzucker

BROMBEER-KOKOS-SCHNITTEN

**Für ½ Backblech
bzw. 6 Portionen**
Zubereitungszeit: 30 Minuten
Backzeit: 20 Minuten

Für den Teig
110 g weiche Butter
30 g Zucker
1 Prise Salz
abgeriebene Schale von
  1 unbehandelten Orange
2 Eigelb
150 g Mehl
40 g Kokosraspel
1 TL Backpulver
4 EL Kokosmilch

Für die Creme
80 g Speisestärke
3 Eigelb
100 ml Kokosmilch
120 ml Sahne
160 g Zucker
1 Pck. Vanillezucker
1 Prise Salz
20 g Butter

Außerdem
200 g Brombeeren

Den Backofen auf 150 °C Umluft vorheizen. Ein Backblech mit Backpapier belegen.

Für den Teig die Butter, den Zucker, das Salz und die Orangenschale cremig rühren. Erst ein Eigelb hinzufügen und unterrühren, dann das zweite. In einer weiteren Schüssel das Mehl mit den Kokosraspeln, dem Backpulver und der Kokosmilch mischen und nach und nach unter die Buttermasse rühren. Den Teig auf das Backblech streichen, sodass er das Blech etwa zur Hälfte bedeckt, und im heißen Backofen etwa 20 Minuten backen. Vollständig abkühlen lassen.

Für die Creme die Stärke mit dem Eigelb, der Kokosmilch und 200 ml Wasser glatt rühren. In einem Topf die Sahne mit dem Zucker, dem Vanillezucker und dem Salz aufkochen, vom Herd nehmen und etwas abkühlen lassen. Dann die Stärke-Eigelb-Mischung dazugeben. Wieder auf den Herd stellen und unter ständigem Rühren bei sehr niedriger Temperatur 1 Minute köcheln lassen. Nun die Butter unterrühren, bis eine homogene Creme entstanden ist.

Die Brombeeren waschen und auf Küchenpapier trocknen lassen. Die Creme auf den Teigboden geben, glatt streichen und mit den Beeren garnieren.

Salted Caramel NEW-YORK-CHEESECAKE

Für 1 Springform mit 18 cm Ø
Zubereitungszeit: 60 Minuten
Kühlzeit: 2 Stunden
Backzeit: 55 Minuten

Für den Teig
25 g Amarettini
125 g Mehl, mehr für die Form
60 g Zucker
1 Pck. Vanillezucker
¼ TL Salz
75 g Butter, mehr für die Form
Konfitüre nach Belieben

Für die Füllung
100 g weiche Butter
100 g Zucker
2 Eier
einige Tropfen Vanilleextrakt
1 EL frischer Zitronensaft
400 g Speisequark
1 Pck. Vanillepudding
  (zum Kochen)

Für das Topping
30 g Zartbitterschokolade
80 g Milchkaramell-Bonbons

Den Backofen auf 170 °C Umluft vorheizen. Die Springform fetten und leicht mit Mehl bestauben.

Für den Teig die Amarettini in einen Frischhaltebeutel füllen, verschließen und mit der Teigrolle zerkleinern. In einer Schüssel mit dem Mehl, dem Zucker, dem Vanillezucker und dem Salz mischen. Die Butter schmelzen, etwas abkühlen lassen und hinzufügen. Alles zu einem krümeligen Teig verkneten, in die Form drücken, ohne einen Rand zu formen, und etwa 10 Minuten auf unterster Schiene vorbacken. In der Form abkühlen lassen. Nach Belieben mit einer dünnen Schicht Konfitüre bestreichen.

Für die Füllung die Butter mit dem Zucker schaumig rühren. Nacheinander die Eier, den Vanilleextrakt und den Zitronensaft unterrühren. Mit dem Quark und dem Puddingpulver zu einer glatten Masse verarbeiten, dann kräftig mit dem Handrührgerät aufschlagen.

Den Backofen erneut auf 170 °C Umluft vorheizen. Den Boden und die Seiten der Springform mit Alufolie umwickeln. Die Quarkmasse auf den vorgebackenen Kuchenboden geben und die Form kräftig auf die Arbeitsfläche aufschlagen, damit die Luft aus der Quarkmasse entweicht und die Oberfläche schön glatt bleibt.

Ein Backblech 1 cm hoch mit Wasser füllen, die Form hineinsetzen und den Kuchen etwa 15 Minuten backen. Die Backtemperatur auf 90 °C Umluft reduzieren und etwa 30 Minuten weiterbacken. Danach den Kuchen im ausgeschalteten Backofen mindestens 2 Stunden ruhen und abkühlen lassen. Anschließend über Nacht kühl stellen.

Für das Topping die Schokolade klein hacken und über dem Wasserbad schmelzen (siehe Seite 12), dann etwas abkühlen lassen. Die Milchkaramellen grob reiben, mit der noch flüssigen Schokolade mischen und auf dem Rand des Kuchens verteilen.

SCHWARZWÄLDER-KIRSCH-ROLLE

Den Backofen auf 200 °C Ober-/Unterhitze vorheizen. Ein Backblech mit Backpapier belegen.

Für den Biskuit die Eier trennen. Das Eiweiß mit dem Salz und 2 EL kaltem Wasser steif schlagen, dabei den Zucker einrieseln lassen. Das Eigelb nacheinander unterrühren. In einer Schüssel das Mehl, den Kakao und das Backpulver mischen, dann über die Eiermasse sieben und unterheben.

Den Teig gleichmäßig auf das Backpapier streichen und im heißen Backofen etwa 10 Minuten backen. Ein Geschirrtuch mit 3 EL Zucker bestreuen, den Biskuit aus dem Ofen holen und sofort darauf stürzen. Das Backpapier vorsichtig abziehen. Den Biskuit mithilfe des Tuchs von der Längsseite her aufrollen und etwa 1 Stunde abkühlen lassen.

Für die Füllung die Kirschen abtropfen lassen. Die Gelatine in kaltem Wasser einweichen. Den Mascarpone mit dem Zucker, dem Vanillezucker und dem Zitronensaft verrühren. Die Gelatine ausdrücken und bei niedriger Temperatur auflösen. Zuerst 4 EL Mascarponemasse hinzufügen und unterrühren, dann die Gelatinemischung in die restliche Mascarponemasse rühren. Etwa 10 Minuten kalt stellen, bis die Creme zu gelieren beginnt. Die Sahne steif schlagen und unter die Creme heben.

Den Biskuit entrollen. Die Creme bis auf 4 EL daraufgeben und glatt streichen. Die Kirschen auf der Creme verteilen, dann den Biskuit wieder aufrollen. Mit der zurückbehaltenen Creme bestreichen und für etwa 2 Stunden kalt stellen.

Für die Dekoration die Kuvertüre grob hacken, über einem warmen Wasserbad schmelzen (siehe Seite 12), auf einer Lage Backpapier dünn ausstreichen und etwa 10 Minuten im Kühlschrank fest werden lassen. Vom Papier lösen und die dabei entstandenen Stückchen auf der Biskuitrolle verteilen.

Für 1 Biskuitrolle
Zubereitungszeit: 40 Minuten
Kühlzeit: 2 Stunden
Backzeit: 10 Minuten

Für den Teig
5 Eier
1 Prise Salz
125 g Zucker plus 3 EL
  zum Verarbeiten
125 g Mehl
4 TL Kakaopulver
1 gestr. TL Backpulver

Für die Füllung
1 Glas Schattenmorellen
  (370 ml Inhalt)
3 Blatt Gelatine
500 g Mascarpone
70 g Zucker
1 Pck. Vanillezucker
2 TL frischer Zitronensaft
200 ml gut gekühlte Schlagsahne

Außerdem
80 g Zartbitterkuvertüre

ICH BIN VON KOPF BIS FUSS

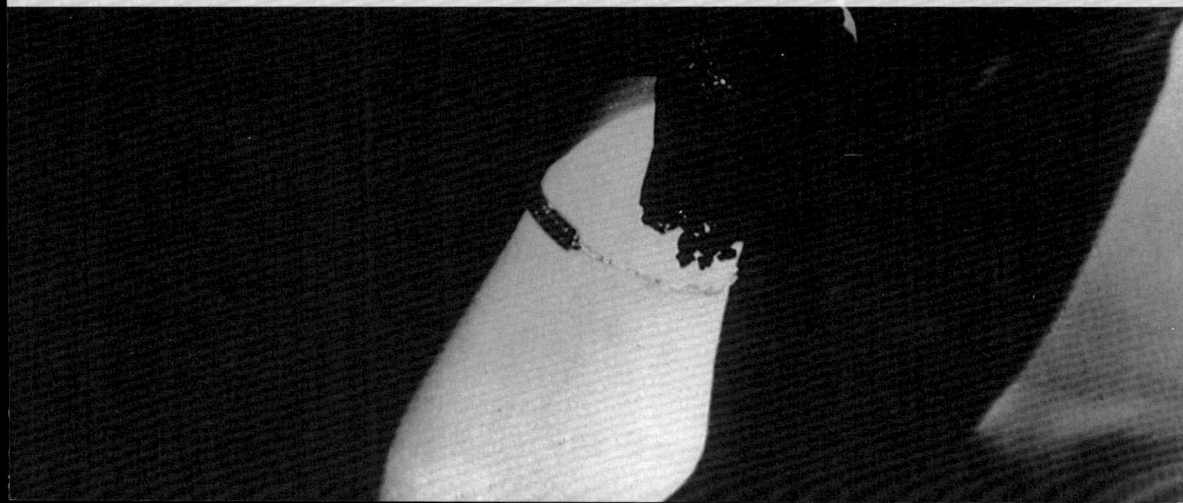

AUF LIEBE EINGESTELLT.

MANDELTARTE

Für 1 Springform mit 24 cm Ø
Zubereitungszeit: 50 Minuten
Backzeit: 20 Minuten

Für den Teig
6 Eier
1 Prise Salz
140 g Zucker
1 Pck. Vanillezucker
150 g Mandeln, gemahlen

Für die Sahnecreme
150 ml Sahne
130 g Zucker
80 g weiche Butter

Außerdem
45 g Mandelblättchen

Den Backofen auf 170 °C Umluft vorheizen. Die Springform mit Backpapier auslegen.

Für den Teig die Eier trennen, das Eigelb beiseitestellen. Das Eiweiß mit dem Salz steif schlagen. Nach und nach den Zucker und den Vanillezucker einrieseln lassen. Die Mandeln locker unterheben. Den Teig in die Springform füllen und etwa 20 Minuten backen. Herausnehmen und den Boden abkühlen lassen. Waagerecht halbieren.

Nun die Dekoration vorbereiten. Dazu die Mandelblättchen in einer Pfanne ohne Fett leicht anrösten, dann abkühlen lassen.

Inzwischen für die Creme die Sahne mit dem Zucker in einem Topf mit dickem Boden kurz aufkochen lassen. Das Eigelb leicht verquirlen, dann unter Rühren etwa die Hälfte der Sahne-Zucker-Mischung untermengen. Die Eigelbmasse zurück in den Topf mit der restlichen Sahne-Zucker-Mischung gießen und die Masse bei sehr niedriger Temperatur unter ständigem Rühren mit einem Holzlöffel in etwa 10 Minuten langsam eindicken lassen; dabei immer bis zum Boden rühren, damit nichts gerinnt oder anbrennt. Etwas Creme auf dem Rücken des Holzlöffels entnehmen und leicht darauf pusten. Bildet sich auf dem Löffelrücken eine „Rose", also eine wellige Oberfläche, ist die perfekte Konsistenz erreicht. Die Masse in eine saubere Schüssel umfüllen und etwas Klarsichtfolie direkt auf die Creme legen. Vollständig auskühlen lassen.

Die Butter etwa 5 Minuten weißlich aufschlagen, nach und nach die Sahnecreme unterheben. Etwas mehr als die Hälfte der Creme auf dem unteren Kuchenboden verteilen, den zweiten Boden auflegen und diesen mit der restlichen Creme bedecken. Die Mandelblättchen darauf verteilen und die Tarte bis zum Servieren kalt stellen.

ZIMTTORTE mit Apfel-Mascarpone-Creme

Für 1 Springform mit 18 cm Ø

Zubereitungszeit: 80 Minuten

Backzeit: je Boden 30 Minuten

Kühlzeit: 4 Stunden

Für den Teig

4 Eier | 1 Prise Salz

90 g Zucker

1 Pck. Vanillezucker

120 g Mehl | 1 TL Backpulver

20 g Speisestärke

120 g Mandeln, gemahlen

½ TL gemahlener Zimt

Für das Apfelkompott

2 mittelgroße Äpfel

1 EL frischer Zitronensaft

3 EL Apfelsaft

2 EL brauner Zucker

1 EL Honig

etwa 1 TL gemahlener Zimt

Für die Mascarponecreme

6 Blatt weiße Gelatine

500 g Mascarpone

250 g Speisequark

2–3 EL frischer Zitronensaft

1 Pck. Vanillezucker

60 g Honig

2 TL gemahlener Zimt

250 ml gut gekühlte Schlagsahne

150 g Frischkäse

Waffelröllchen

Den Backofen auf 175 °C Ober-/Unterhitze vorheizen. Den Boden der Springform mit Backpapier belegen.

Für den Teig die Eier trennen. Das Eiweiß mit dem Salz und 4 EL kaltem Wasser sehr steif schlagen, den Zucker und den Vanillezucker einrieseln lassen. Das Eigelb nacheinander unterschlagen. Das Mehl, das Backpulver und die Speisestärke mischen, darübersieben und mit den Mandeln und dem Zimt unterrühren. Den Teig in zwei Portionen teilen. Nacheinander in die Springform füllen und etwa 30 Minuten backen. Jeden Biskuit kurz in der Form abkühlen lassen.

Für das Apfelkompott die Äpfel schälen, entkernen und klein würfeln. In einen Topf füllen und sofort mit dem Zitronensaft beträufeln. Den Apfelsaft und den braunen Zucker hinzufügen. Etwa 5 Minuten köcheln lassen, bis die Flüssigkeit verdampft ist. Den Honig unterrühren. Mit Zimt abschmecken und lauwarm abkühlen lassen.

Für die Mascarponecreme die Gelatine in kaltem Wasser einweichen. Den Mascarpone mit dem Quark, dem Zitronensaft, dem Vanillezucker, dem Honig und 1 TL Zimt glatt rühren. Etwa 8 EL davon beiseitestellen. Die ausgedrückte Gelatine unter Rühren erwärmen und auflösen, zum lauwarmen Apfelkompott geben und glatt rühren. Etwa 3 EL Mascarponecreme untermischen. Die Apfelmasse mit der restlichen Mascarponecreme verrühren. Die Sahne steif schlagen und unterheben.

Einen Kuchenboden mit der Creme bestreichen und den zweiten Boden auflegen. Für mindestens 4 Stunden kühl stellen.

Die beiseitegestellte Mascarponecreme mit dem Frischkäse verrühren und Kreise auf die Torte aufspritzen. Mit der restlichen Creme und den Waffelröllchen den Tortenrand verzieren. Die Torte mit dem restlichen Zimt bestauben.

ECLAIRS mit Baileys-Creme

Den Backofen auf 200 °C Ober-/Unterhitze vorheizen. Ein Backblech mit Backpapier belegen. Ein feuerfestes Förmchen mit Wasser füllen und auf den Boden des Backofens stellen.

Für den Brandteig 250 ml Wasser mit der Butter und dem Salz in einem Topf aufkochen. Das Mehl auf einmal hinzufügen und mit einem Rührlöffel so lange rühren, bis sich der Teig als Kloß vom Topfboden löst und sich eine weiße Schicht am Boden bildet. Den Teig in eine Rührschüssel füllen, etwa 5 Minuten abkühlen lassen, dann die verquirlten Eier dazugeben und unterrühren. Den Teig in einen Spritzbeutel mit großer Sterntülle füllen und auf das Backpapier neun Teighäufchen spritzen. Im heißen Backofen 20–25 Minuten backen, dann herausnehmen, von jedem Teigstück vorsichtig einen Deckel abschneiden und auskühlen lassen.

Für die Füllung müssen alle Zutaten Zimmertemperatur haben. In einem Topf die Milch (3 EL zurückbehalten) zum Kochen bringen. Die zurückbehaltene Milch mit dem Puddingpulver und dem Zucker glatt rühren. Die Mischung zur heißen Milch geben, unterrühren und langsam eindicken lassen. Den Baileys hinzufügen. Die Masse in eine Rührschüssel füllen, ein Stück Klarsichtfolie direkt auf die Oberfläche legen und den Pudding abkühlen lassen (nicht in den Kühlschrank stellen!). Dann kräftig aufschlagen.

Die Butter schaumig schlagen und den Pudding löffelweise unterheben. Die Creme in einen Spritzbeutel mit großer Sterntülle geben und auf die Unterseite der Eclairs spritzen (oder die Creme mit einem Löffel auftragen). Den Deckel auflegen und mit einem Hauch Puderzucker bestauben.

Für 9 Stück
Zubereitungszeit: 45 Minuten
Backzeit: 20–25 Minuten

Für den Brandteig
80 g Butter
1 Prise Salz
180 g Mehl
4 Eier

Für die Füllung
200 ml Milch
½ Pck. Vanillepuddingpulver
60 g Zucker
50 ml Baileys
125 g weiche Butter

Außerdem
Puderzucker

CRÊPES-TORTE mit Holundermousse

**Für 1 Torte mit etwa
30 Crêpes à 16 cm Ø**
Zubereitungszeit: 80 Minuten
Backzeit: je Crêpe 1–2 Minuten,
 insgesamt 30–40 Minuten

Für den Teig
4 Eier
2 EL Zucker
1 Pck. Vanillezucker
½ TL Salz
2 EL Speiseöl, mehr zum Backen
400 g Mehl
400 ml Milch
600 ml Mineralwasser
 mit Kohlensäure

Für die Holundermousse
200 g weiße Kuvertüre
150 ml gut gekühlte Schlagsahne
4 Blatt weiße Gelatine
150 g Mascarpone
40 g Zucker
1 Pck. Vanillezucker
1–2 EL abgeriebene Schale
 von 1 unbehandelten Orange
2 EL Holunderblütensirup

Außerdem
Puderzucker oder frische
 Holunderblüten (nach Belieben)

Für den Teig die Eier mit dem Zucker, dem Vanillezucker, dem Salz, dem Öl, dem Mehl und der Hälfte der Milch verrühren. Dann erst die restliche Milch sowie das Mineralwasser dazugeben und alles zu einem glatten Teig verarbeiten. Etwa 10 Minuten ruhen lassen.

Etwas Öl in eine Pfanne (16 cm Ø) geben. Sobald es heiß ist, eine Schöpfkelle voll Teig hineingeben. Wenn sich der Crêpe leicht vom Pfannenrand ablöst, mit dem Pfannenwender von allen Seiten vorsichtig darunterfahren, wenden und auf der anderen Seite goldbraun backen. Auf diese Weise etwa 30 Crêpes backen und abkühlen lassen.

Für die Holundermousse die Kuvertüre grob hacken und mit 50 ml Sahne mischen, dann über dem Wasserbad schmelzen. Etwas abkühlen lassen. Die Gelatine in kaltem Wasser einweichen. In einer Schüssel den Mascarpone mit dem Zucker, dem Vanillezucker, der Orangenschale und dem Holunderblütensirup glatt rühren. Die Gelatine ausdrücken, bei niedriger Temperatur in einem kleinen Topf auflösen, 3 EL der Mascarponemasse einrühren, dann die Mischung zur restlichen Mascarponemasse geben. Alles zu einer glatten Creme verrühren, diese unter die noch flüssige Kuvertüre ziehen. Die restliche Sahne steif schlagen und vorsichtig unterheben. Die Mousse kühlen, bis sie zu gelieren beginnt.

Jeweils einen Crêpe mit etwas Mousse bestreichen und die Crêpes zu einer Torte schichten, dabei mit einer Cremeschicht abschließen. Die Torte nach Belieben mit einem Hauch Puderzucker bestauben oder mit frischen Holunderblüten dekorieren.

KAROTTEN-PETIT-FOURS mit Zitronenguss

Den Backofen auf 180 °C Ober-/Unterhitze (oder 160 °C Um-luft) vorheizen. Die Backform leicht fetten. Backpapier be-feuchten, zusammenknüllen, wieder glatt streichen und in die Form geben. So bleibt das Papier perfekt in allen Ecken haften (siehe Seite 11).

Für den Teig die Karotten schälen, fein raspeln und sofort mit etwas Zitronensaft beträufeln. Den restlichen Zitronensaft für den Guss beiseitestellen. Die Eier trennen und das Eiweiß mit dem Salz steif schlagen. Das Eigelb, die Butter, den Zucker, den Vanillezucker, die Muskatnuss und 1–2 EL Zitronenschale in eine Rührschüssel geben und cremig rühren. In einer weiteren Schüssel das Mehl mit dem Backpulver und den gemahlenen Mandeln mischen, dann unter die Eigelb-Butter-Masse rühren. Die Karotten dazugeben und alles vermengen. Zum Schluss den Eischnee unterheben und den Teig in die vorbereitete Form füllen. Den Kuchen 30–35 Minuten backen, dann auf einem Kuchengitter auskühlen lassen.

Für den Guss den Puderzucker mit dem restlichen Zitronensaft glatt rühren und je nach Bedarf mit etwas Wasser verdünnen. Den Kuchen mit dem Guss (ein wenig davon zurückbehalten) überziehen. Den zurückbehaltenen Zuckerguss mit ein paar Tropfen Lebensmittelfarbe orangefarben einfärben und mithilfe eines Löffels ein Muster auf den Guss träufeln. Den Kuchen mit den gehackten Pistazien bestreuen, trocknen lassen und zum Servieren in kleine Würfel schneiden.

Tipp
Zum Anbeißen sieht der Kuchen auch aus, wenn man ihn mit Marzipankarotten belegt. Dazu Marzipanrohmasse mit etwas Pu-derzucker verkneten, bis die Masse nicht mehr klebt, je einen Teil grün bzw. orangefarben einfärben und daraus kleine Karotten formen. Etwas grünes Marzipan durch eine Knoblauchpresse ge-drückt ergibt tolles Gras und eine hübsche Deko-Alternative.

Für 1 rechteckige Form
mit 20 x 23 cm
Zubereitungszeit: 50 Minuten
Backzeit: 30–35 Minuten

Für den Teig
220 g Karotten
Saft und abgeriebene Schale von
  1 unbehandelten Zitrone
3 Eier
1 Prise Salz
175 g weiche Butter,
  mehr für die Form
140 g Zucker
1 Pck. Vanillezucker
1 große Prise frisch geriebene
  Muskatnuss
220 g Mehl
2 TL Backpulver
80 g Mandeln, gemahlen

Für den Guss
200 g Puderzucker
orangefarbene Lebensmittelfarbe
20 g Pistazien, gehackt

natürlich,

fröhlich

verspielt

RHABARBER-FLAMMERIE-KUCHEN

Zuerst die Flammerie-Creme zubereiten. Dazu in einem kleinen Topf den Schmand mit dem Vanillezucker erwärmen. In einer Schüssel das Eigelb mit dem Zucker verrühren, dann das Puddingpulver untermischen. Etwa 3 EL der Schmandcreme unter die Eimasse ziehen, die Masse in den Topf zurückgeben und bei geringer Temperatur unter Rühren langsam eindicken lassen. Abkühlen lassen.

Für den Teig die Butter mit dem Zucker, dem Vanillezucker und dem Salz hellcremig aufschlagen. Nach und nach die Eier dazugeben und glatt rühren. In einer weiteren Schüssel das Mehl mit der Speisestärke und dem Backpulver mischen, über den Rührteig sieben und rasch unterheben.

Für den Belag den Rhabarber waschen, putzen und in etwa 2 cm große Stücke schneiden.

Den Backofen auf 170 °C Ober-/Unterhitze (oder 150 °C Umluft) vorheizen. Die Form fetten und mit Mehl bestauben.

Den Teig bis auf 4 EL in die Form füllen. Mit der Flammerie-Creme bedecken. Den restlichen Teig mit einem Löffel auf die Creme klecksen und den Kuchen mit den Rhabarberstücken belegen.

Den Kuchen im heißen Backofen etwa 50 Minuten backen. Nach 40 Minuten kurz herausnehmen, mit der flüssigen Butter beträufeln und mit dem braunen Zucker bestreuen. Fertig backen.

Tipp
Zu diesem Kuchen passt ein Klecks frischer Schlagsahne oder ein Hauch Puderzucker ganz hervorragend. Statt des Rhabarbers eignen sich auch andere Früchte wie z. B. Pflaumen oder Apfelstückchen.

Für 1 Spring- oder Tarteform mit 22–24 cm Ø
Zubereitungszeit: 30 Minuten
Backzeit: 50 Minuten

Für den Teig
180 g weiche Butter,
  mehr für die Form
120 g Zucker
1 Pck. Vanillezucker
1 Prise Salz
2 Eier
160 g Mehl, mehr für die Form
40 g Speisestärke
1 EL Backpulver

Für die Flammerie-Creme
300 g Schmand
1 Pck. Vanillezucker
3 Eigelb
40 g Zucker
½ Pck. Vanillepudding
  (zum Kochen)

Für den Belag
300 g Rhabarber
2 EL flüssige Butter
2 EL brauner Zucker

APFEL-ZIMT-GUGELS

Für etwa 9 Stück mit 7 cm Ø
Zubereitungszeit: 15 Minuten
Backzeit: 15 Minuten

Für den Teig
1 mittelgroßer Apfel
Saft von ½ Zitrone
2 Eier
110 g Zucker
1 Pck. Vanillezucker
1 Prise Salz
80 ml neutrales Öl
160 g Mehl
1 TL Backpulver
1 TL gemahlener Zimt
Butter und Fett für die Formen

Außerdem
Puderzucker

Den Backofen auf 160 °C Umluft vorheizen. Die Gugelhupf-formen leicht fetten und mit Mehl bestauben.

Den Apfel schälen, vierteln und entkernen, dann hobeln und mit dem Zitronensaft beträufeln. In einer Schüssel die Eier mit dem Zucker, dem Vanillezucker, dem Salz und dem Öl verrühren, bis eine helle, cremige Masse entsteht. In einer weiteren Schüssel das Mehl mit dem Backpulver mischen, über die Eiermasse sieben und unterheben. Zum Schluss den Apfel sowie den Zimt hinzufügen und unterrühren.

Die Förmchen zu drei Vierteln mit dem Teig füllen. Im heißen Backofen etwa 15 Minuten goldbraun backen, dann die Stäbchenprobe machen (siehe Seite 12). Die fertigen Kuchen aus der Form stürzen und abkühlen lassen. Mit Puderzucker bestauben oder nach Belieben mit Zuckerguss dekorieren.

HEIDELBEERWÖLKCHEN

Für den Teig die Butter in Stücke schneiden. Mit den übrigen Zutaten rasch zu einem glatten Teig verkneten. Zu einer Kugel formen und, in Klarsichtfolie gewickelt, für 1 Stunde kühl stellen.

Die Mulden des Muffinblechs leicht fetten. Den Backofen auf 180 °C Ober-/Unterhitze (oder 160 °C Umluft) vorheizen.

Den Teig auf leicht bemehlter Arbeitsfläche 3–4 mm dick ausrollen und zwölf Kreise (etwas größer als die Muffinmulden) ausstechen. Diese in die Mulden geben, einen Rand formen und den Boden mehrmals mit einer Gabel einstechen. Je ein Papierförmchen auf den Teig setzen und mit getrockneten Hülsenfrüchten beschweren. Den Teig etwa 15 Minuten blindbacken, dann die Papierförmchen mitsamt den Hülsenfrüchten entfernen und den Teig weitere 2 Minuten backen. In der Form abkühlen lassen.

Die Törtchen auf der Innenseite mit Schokolade überziehen. Dazu die Kuvertüre über dem Wasserbad schmelzen, dann mithilfe eines Pinsels oder Löffels die Innenseite der Törtchen dünn bestreichen. Für ein paar Minuten zum Festwerden in den Kühlschrank stellen.

Die Heidelbeeren verlesen und waschen. Ein paar Beeren zur Dekoration beiseitelegen. Die restlichen Früchte in einem Topf mit dem Zucker und dem Zitronensaft aufkochen lassen, dann pürieren. Etwas abkühlen lassen. Den Mascarpone mit dem Vanillezucker und der Zitronenschale glatt rühren. Das Fruchtpüree unterziehen. Die Sahne steif schlagen und vorsichtig unterheben. Die Füllung in die vorgebackenen Törtchen geben oder in einen Spritzbeutel mit Sterntülle füllen und kleine Tuffs aufspritzen.

Mit den beiseitegelegten Heidelbeeren dekorieren und nach Belieben kurz vor dem Servieren mit einem Hauch Puderzucker bestauben.

Für 12 Muffins
Zubereitungszeit: 40 Minuten
Kühlzeit: 60 Minuten
Backzeit: 17 Minuten

Für den Teig
140 g Butter, mehr für die Form
250 g Mehl,
   mehr zum Verarbeiten
80 g Zucker
1 Ei
1 Pck. Vanillezucker

Für die Füllung
70 g dunkle Kuvertüre
300 g Heidelbeeren
80 g Zucker
1 EL Zitronensaft
250 g Mascarpone
1 Pck. Vanillezucker
1 EL abgeriebene Schale von
   1 unbehandelten Zitrone
200 ml gut gekühlte Schlagsahne

Außerdem
Puderzucker (nach Belieben)

RHABARBER-BUTTERMILCH-KUCHEN

Für 1 Kastenform mit 2 l Inhalt
Zubereitungszeit: 20 Minuten
Backzeit: 1 Stunde

Für den Teig
300 g Rhabarber
100 g weiche Karamellbonbons
200 g weiche Butter,
   mehr für die Form
180 g Zucker
1 Pck. Vanillezucker
1 Prise Salz
4 Eier
280 g Mehl, mehr für die Form
70 g Speisestärke
2 TL Backpulver
100 ml Buttermilch

Für das Topping
150 g Frischkäse
100 g Puderzucker
1–2 TL frischer Zitronensaft

Außerdem
essbare Blüten
   (z. B. Stiefmütterchen oder
   Gänseblümchen), nach Belieben

Den Backofen auf 175 °C Umluft vorheizen. Die Kastenform fetten und mit Mehl bestauben.

Für den Teig den Rhabarber putzen, schälen und in grobe Stücke schneiden. Die Karamellbonbons ebenfalls grob zerkleinern. In einer Rührschüssel die Butter mit dem Zucker, dem Vanillezucker und dem Salz cremig rühren. Nach und nach die Eier unterrühren. In einer weiteren Schüssel das Mehl, die Speisestärke und das Backpulver mischen, dann abwechselnd mit der Buttermilch unter die Butter-Ei-Masse mengen. Den Rhabarber und die Bonbonstücke unterheben.

Den Teig in die vorbereitete Backform füllen und im heißen Backofen etwa 1 Stunde backen. Sollte die Oberfläche zu dunkel werden, mit etwas Alufolie abdecken. Unbedingt die Stäbchenprobe machen (siehe Seite 12). Den Kuchen herausnehmen und etwa 10 Minuten in der Form abkühlen lassen. Dann vorsichtig aus der Form lösen und auf einem Kuchengitter vollständig auskühlen lassen.

Für das Topping alle Zutaten gut verrühren und locker auf den Kuchen streichen. Nach Belieben mit essbaren Blüten dekorieren.

Tipp
Wer Karamell nicht mag, kann die Karamellbonbons durch grob gehackte Mandelstücke ersetzen.

KIRSCH-CLAFOUTIS

**Für 1 kleine Auflaufform
bzw. 2 Portionen**
Zubereitungszeit: 10 Minuten
Backzeit: etwa 25 Minuten

160 g Kirschen (frisch oder
  aus dem Glas), entsteint
2 Eier
60 g Zucker
1 Pck. Vanillezucker
70 g Mehl
60 ml Sahne
50 ml Milch
1 Prise Salz
Fett für die Form

Außerdem
Puderzucker

Den Backofen auf 150 °C Umluft (oder 175 °C Ober-/Unter-hitze) vorheizen. Die Auflaufform fetten.

Die Kirschen (Kirschen aus dem Glas gut abtropfen lassen) hal-bieren und in der Form verteilen. Die Eier trennen. In einer Rührschüssel das Eigelb mit dem Zucker und dem Vanillezu-cker schaumig rühren. Das Mehl, die Sahne und die Milch ab-wechselnd unterrühren. Das Eiweiß mit dem Salz steif schlagen, dann in zwei Portionen unterheben.

Den Teig über die Kirschen gießen und im heißen Backofen etwa 25 Minuten backen. Herausnehmen und etwas abkühlen lassen. Mit Puderzucker bestauben und lauwarm servieren.

ZITRONEN-JOGHURT-KÜCHLEIN

Den Backofen auf 150 °C Umluft vorheizen. Die Backförmchen leicht fetten.

In einer Rührschüssel die Butter mit dem Zucker und dem Vanillezucker cremig schlagen. Nach und nach die Eier und das Salz untermischen. Etwa 2 EL Zitronensaft, die Zitronenschale und den Joghurt dazugeben und unterrühren. In einer weiteren Schüssel das Mehl mit dem Backpulver mischen, dann zur Butter-Ei-Mischung hinzufügen und unterheben.

Den Teig in die vorbereiteten Förmchen geben und glatt streichen. Im heißen Backofen etwa 20 Minuten backen. Nach dem Auskühlen leicht mit Puderzucker bestauben.

Für 6 Stück mit 7 cm Ø
Zubereitungszeit: 15 Minuten
Backzeit: 20 Minuten

160 g weiche Butter,
   mehr für die Förmchen
90 g Zucker
1 Pck. Vanillezucker
2 Eier
1 Prise Salz
Saft und abgeriebene Schale
   von 1 unbehandelten Zitrone
140 g Naturjoghurt
180 g Mehl
1 TL Backpulver

Außerdem
Puderzucker

Der Kuss ist ein
liebenswerter
Trick der Natur,
ein Gespräch
zu unterbrechen,
wenn Worte
überflüssig werden.

BIENENSTICH-CUPCAKES

Für 12 Muffins
Zubereitungszeit: 45 Minuten
Backzeit: 25–30 Minuten
Kühlzeit: 30 Minuten

Für den Teig
170 g weiche Butter
110 g Zucker
1 Pck. Vanillezucker
abgeriebene Schale von
  ½ unbehandelten Zitrone
1 Prise Salz
3 Eier
140 g Mehl
60 g Mandeln, gemahlen
2 TL Backpulver
3 EL Milch

Für die Füllung
1 Pck. Vanillepuddingpulver
400 ml Milch
70 g Zucker
250 g Butter

Für das Topping
100 g Mandeln, gehobelt
60 g Zucker
20 g Butter
6 EL Sahne
Puderzucker (nach Belieben)

Den Backofen auf 175 °C Ober-/Unterhitze vorheizen und das Muffinblech mit zwölf Papierförmchen bestücken.

Für den Teig die Butter mit dem Zucker, dem Vanillezucker, der Zitronenschale und dem Salz 3 Minuten schaumig rühren, dann die Eier dazugeben und untermengen. In einer weiteren Schüssel das Mehl mit den Mandeln und dem Backpulver mischen, dann zur Butter-Ei-Mischung geben und unterheben. Die Milch hinzufügen und alles zu einem glatten Teig verrühren.

Den Teig in die Förmchen verteilen und im heißen Backofen 25–30 Minuten backen. In der Form auskühlen lassen, dann herauslösen und mit einem scharfen Messer je einen kleinen Deckel abtrennen. Beiseitelegen.

Für die Füllung aus dem Puddingpulver, der Milch und dem Zucker nach Packungsanweisung einen Pudding zubereiten. Diesen in eine Schüssel füllen und ein Stück Klarsichtfolie direkt auf die Oberfläche legen. Bei Zimmertemperatur abkühlen lassen. Zur Fertigstellung der Buttercreme müssen sowohl der Pudding als auch die Butter dieselbe Temperatur (zimmerwarm) haben. Den Pudding und die Butter im Mixer getrennt voneinander geschmeidig rühren, dann den Pudding löffelweise unter die Butter mischen. In einen Spritzbeutel mit Lochtülle füllen und einen Großteil davon auf der Unterseite der Cupcakes verteilen. Die Deckel auflegen, die restliche Creme aufspritzen und die Cupcakes für etwa 30 Minuten kalt stellen.

Für das Topping die Mandeln in einer Pfanne ohne Fett goldbraun anrösten. Den Zucker bei geringer Temperatur in einem Topf mit dickem Boden karamellisieren, dann die Butter und die Sahne einrühren. Kurz aufkochen und die Mandelblättchen untermischen. Den Karamell sofort mithilfe von zwei Löffeln auf den Cupcakes verteilen und 5 Minuten trocknen lassen. Nach Belieben mit Puderzucker bestauben.

HEFESCHNECKE mit Zimt-Nuss-Füllung

Für den Teig in einer Schüssel das Mehl mit der Hefe mischen. Den Zucker, den Vanillezucker und das Salz dazugeben und untermischen. In die Mitte eine Mulde drücken, das Ei hineingeben und mit der lauwarmen Milch übergießen. Alles mit den Händen oder dem Knethaken des Rührgeräts verrühren. Die Butter in Flöckchen unterarbeiten und etwa 2 Minuten weiterkneten, bis der Teig geschmeidig ist. Zu einer Kugel formen und in der Schüssel mit einem sauberen Küchentuch abdecken, da der Teig sehr zugluftempfindlich ist. An einem warmen Ort (bei etwa 40 °C) etwa 1 Stunde gehen lassen, bis sich das Volumen des Teigs verdoppelt hat.

Für die Füllung die Butter schmelzen und etwas abkühlen lassen. Die Nüsse mit dem Zucker und dem Zimt mischen. Den Teig zu einem etwa 2 cm schmalen Streifen ausrollen, großzügig mit einem Großteil der flüssigen Butter bestreichen und mit der Nussmischung (1 EL zurückbehalten) bestreuen. Den Teigstreifen der Länge nach zu einer großen Schnecke aufrollen und in die gut gefettete Form legen. Etwas flach drücken. Mit der restlichen Butter bestreichen und mit der zurückbehaltenen Nussmischung bestreuen.

Die Hefeschnecke nochmals zugedeckt an einem warmen Ort etwa 30 Minuten gehen lassen. Inzwischen den Backofen auf 175 °C Umluft vorheizen. Den Kuchen 10–12 Minuten backen. Etwas abkühlen lassen. Den Puderzucker mit dem Zitronensaft und etwas Wasser glatt rühren und darüberträufeln.

Für 1 Springform mit 20–24 cm Ø
Zubereitungszeit: 30 Minuten
Ruhezeit: 60 Minuten + 30 Minuten
Backzeit: 10–12 Minuten

Für den Teig
400 g Mehl
1 Pck. Trockenhefe
45 g Zucker
1 Pck. Vanillezucker
1 Prise Salz
1 Ei
180 ml lauwarme Milch
50 g Butter, mehr für die Form

Für die Füllung
50 g Butter
40 g Wal- oder Haselnüsse, gehackt
60 brauner Zucker
2 TL gemahlener Zimt
3 EL Puderzucker
1 EL frischer Zitronensaft

BIRNEN-CRUMBLE-TARTE

Für 1 Tarteform mit 28 cm Ø
Zubereitungszeit: 40 Minuten
Ruhezeit: 30 Minuten
Backzeit: 40–50 Minuten

Für den Teig
125 g kalte Butter,
  mehr für die Form
240 g Mehl, mehr für die Form
50 g Zucker
1 Ei

Für die Füllung
3 Birnen
3 EL frischer Zitronensaft
30 g Zucker
1 Pck. Vanillezucker
2 TL Speisestärke
gemahlener Zimt
gemahlene Nelken
40 g Mandeln, in Stiften

Für die Streusel
70 g Butter
40 g Zucker
1 Pck. Vanillezucker
1 Prise Salz
70 g Mehl

Außerdem
Puderzucker
Schlagsahne (nach Belieben)

Für den Teig die Butter in grobe Stücke schneiden. Mit dem Mehl, dem Zucker und dem Ei rasch zu einem glatten Teig verarbeiten. Zu einer Kugel formen und in Klarsichtfolie gewickelt für etwa 30 Minuten kalt stellen. Die Tarteform fetten und leicht mit Mehl bestauben.

Für die Füllung die Birnen schälen, entkernen und in kleine Würfel schneiden. In einem Topf mit dem Zitronensaft, dem Zucker und dem Vanillezucker gut vermischen, dann bei mittlerer Temperatur etwa 3 Minuten kochen. In einer kleinen Schüssel die Stärke mit 3 EL kaltem Wasser glatt rühren, dann in das kochende Kompott geben und untermischen. Mit Zimt und Nelken abschmecken und etwas abkühlen lassen.

Die Mandeln in einer Pfanne ohne Fett von allen Seiten leicht anrösten.

Für die Streusel die Butter schmelzen, dann in eine Schüssel füllen. Den Zucker, den Vanillezucker und das Salz untermischen. Zum Schluss das Mehl darübersieben und die Masse zwischen den Fingern zerkrümeln.

Den Backofen auf 175 °C Umluft vorheizen. Den Teig auf leicht bemehlter Arbeitsfläche etwas größer als die Form ausrollen, dann mithilfe einer Teigrolle in die vorbereitete Form legen und einen etwa 2 cm hohen Rand formen. Den Boden mehrmals mit einer Gabel einstechen.

Zuerst das Birnenkompott, dann die Mandeln und zum Schluss die Streusel auf dem Boden verteilen. Die Tarte im heißen Backofen auf unterster Schiene 40–50 Minuten backen. Wenn die Oberfläche zu braun wird, nach 30 Minuten mit etwas Alufolie abdecken. Den fertigen Kuchen etwa 30 Minuten abkühlen lassen. Mit Puderzucker bestauben und nach Belieben frische Schlagsahne dazureichen.

PASTÉIS DE NATA mit glasierten Aprikosen

Für die Füllung in einem Topf die Milch, das Vanillemark und die Butter zum Kochen bringen. In einer Schüssel den Zucker, das Mehl, die Speisestärke und das Salz mischen, dann kräftig in die kochende Milch rühren. Nochmals aufkochen lassen. Das Ei mit dem Eigelb verquirlen, 2–3 EL heiße Vanillecreme hinzufügen und untermischen, dann die Eiermasse unter die restliche Vanillecreme rühren. Etwas abkühlen lassen.

In der Zwischenzeit den Backofen auf 180 °C Umluft (oder 200 °C Ober-/Unterhitze) vorheizen und die Mulden des Muffinblechs fetten. Den Blätterteig auf der leicht bemehlten Arbeitsfläche entrollen, dann zwölf Kreise (etwas größer als die Muffinmulden) ausstechen. Die Teigkreise in die Mulden legen und mit den Fingern festdrücken.

Die Aprikosenkonfitüre leicht erwärmen und glatt rühren. Jeden Teigboden dünn mit etwas Konfitüre bestreichen, dann die Creme darauf verteilen.

Die Aprikosen waschen, halbieren und entsteinen. Die halbierten Früchte fächerförmig aufschneiden und je eine halbe Aprikose pro Törtchen auf der Creme anordnen.

Die Törtchen im heißen Backofen 10–12 Minuten backen. Kurz vor Ende der Backzeit mit der restlichen erwärmten Konfitüre bestreichen und für 2 Minuten die Grillfunktion zuschalten. Etwa 10 Minuten abkühlen lassen, dann die Törtchen aus den Mulden lösen. Lauwarm servieren.

Für 12 Muffins
Zubereitungszeit: 25 Minuten
Backzeit: 10–12 Minuten

1 Packung frischer Blätterteig
  (aus dem Kühlregal)

Für die Füllung
400 ml Milch
Mark von 1 Vanilleschote
1 TL Butter, mehr für die Form
120 g Zucker
1 EL Mehl, mehr zum Verarbeiten
1 EL Speisestärke
1 Prise Salz
1 Ei plus 4 Eigelb
4–5 EL Aprikosenkonfitüre
6 Aprikosen

QUARKBÄLLCHEN mit Nuss-Nugat-Füllung

Für etwa 15 Stück
Zubereitungszeit: 40 Minuten
Ruhezeit: 60 Minuten
  + 20 Minuten
Backzeit: 4–5 Minuten pro Portion

Für den Teig
200 ml Milch
1 Würfel Hefe (42 g)
30 g Zucker
1 Pck. Vanillezucker
500 g Mehl,
  mehr zum Verarbeiten
250 g Magerquark
30 g weiche Butter
2 Eier
1 Prise Salz

Zum Frittieren
1 l Öl zum Frittieren
60 g Zucker

Für die Füllung
150–200 g Nussnugatcreme

Für den Teig in einem Topf die Milch lauwarm erwärmen. Die Hefe zerbröckeln und mit dem Zucker und dem Vanillezucker darin auflösen. Das Mehl mit dem Quark, der Butter, den Eiern und dem Salz in eine Schüssel geben. Die lauwarme Hefemilch dazugeben und mit den Knethaken des Rührgeräts zu einem glatten Teig verkneten. Zugedeckt an einem warmen Ort etwa 1 Stunde gehen lassen.

Aus dem Teig mit bemehlten Händen etwa 15 Bällchen formen. Auf einem leicht bemehlten Holzbrett zugedeckt nochmals etwa 20 Minuten gehen lassen.

Das Öl in einer Fritteuse oder in einem weiten Topf auf etwa 160 °C erhitzen (zur Überprüfung der Temperatur siehe Seite 12). Die Teigbällchen darin portionsweise jeweils 4–5 Minuten goldbraun backen, dabei die Bällchen ab und zu wenden. Mit der Schaumkelle herausheben und sofort im Zucker wenden. Abkühlen lassen.

Die Nussnugatcreme in einen Spritzbeutel mit länglicher Tülle (oder in eine Marmeladenspritze) geben und jedes Bällchen mit etwas Creme füllen.

BOSTON-CREAM-CUPCAKES

Für 12 Muffins
Zubereitungszeit: 50 Minuten
Backzeit: 10–20 Minuten

Für den Teig
120 g weiche Butter
110 g Zucker
1 Pck. Vanillezucker
1 Prise Salz
2 Eier
120 g Mehl
1 TL Backpulver

Für die Füllung
200 ml Milch
2 gehäufte EL Speisestärke
1 Ei
1 Eigelb
Mark einer Vanilleschote
1 EL Butter
40 g Zucker

Für die Ganache
100 g Zartbitterschokolade
80 ml Sahne
1 TL Puderzucker

Außerdem
bunte Zuckerstreusel
  (nach Belieben)

Den Backofen auf 180 °C Ober-/Unterhitze (oder 160 °C Umluft) vorheizen. Das Muffinblech mit Papierförmchen bestücken.

Die Butter mit dem Zucker, dem Vanillezucker und dem Salz schaumig schlagen, dann die Eier unterrühren. In einer weiteren Schüssel das Mehl mit dem Backpulver mischen, zur Butter-Ei-Masse hinzufügen und unterrühren. Den Teig in die Förmchen füllen (nur zu drei Vierteln befüllen, da der Teig noch aufgeht) und 10–20 Minuten backen. Abkühlen lassen.

Für die Füllung die Milch (3 EL zurückbehalten) in einem Topf zum Kochen bringen. In einer kleinen Schüssel die Speisestärke mit der restlichen Milch glatt rühren und unter Rühren unter die kochende Milch mischen. Sobald die Milch andickt, den Topf vom Herd nehmen. Das Ei und das Eigelb in einer Schüssel verquirlen. Etwa ein Drittel der angedickten Milch unter ständigem Rühren hinzufügen. Nun die Ei-Milch-Mischung zur restlichen Milch geben, diese unter ständigem Rühren erneut aufkochen und 1–2 Minuten kochen lassen. Das Vanillemark, die Butter und den Zucker dazugeben und unterrühren. Die Vanillecreme in eine saubere Schüssel füllen und ein Stück Klarsichtfolie direkt auf die Oberfläche legen, damit sich keine Haut bilden kann. Kalt stellen.

Für die Ganache die Schokolade grob hacken und mit der Sahne und dem Puderzucker über dem Wasserbad schmelzen. Rühren, bis sich eine homogene Masse bildet. In einer Schüssel leicht abkühlen lassen, sodass die Ganache noch zähflüssig bleibt.

Zum Fertigstellen mit einem scharfen Messer von den Cupcakes je einen Deckel abschneiden. Jeweils auf die Unterseite der Cupcakes etwas Vanillecreme geben, den Deckel aufsetzen und die restliche Creme auf dem Deckel verteilen. Mit der Ganache beträufeln und nach Belieben mit Zuckerstreuseln bestreuen.

PROFITEROLES mit Erdbeercreme

Den Backofen auf 175 °C Umluft (oder 200 °C Ober-/Unterhitze) vorheizen. Ein Backblech mit Backpapier belegen.

Für den Brandteig die Milch mit 80 ml Wasser, der Butter, dem Zucker und dem Salz in einen Topf geben und aufkochen. Das Mehl auf einmal hinzufügen und den Teig bei mittlerer Temperatur so lange rühren, bis er sich als Kloß vom Topfboden löst. Noch 1–2 Minuten rundum „abbrennen", bis sich auf dem Topfboden eine weiße Schicht bildet. Den Teig in eine Schüssel füllen. Ein Ei sofort unterrühren, die Masse etwa 10 Minuten abkühlen lassen und dann das zweite Ei unterrühren. Den Brandteig in einen Spritzbeutel mit großer Sterntülle füllen und sechs gleich große Stangen auf das Backpapier spritzen.

Diese 20–25 Minuten backen (siehe Tipp), aus dem Backofen nehmen, sofort mit einer Schere je einen Deckel abschneiden und das Gebäck auf einem Kuchengitter auskühlen lassen.

Für die Füllung die Erdbeeren waschen und putzen. Sechs schöne Erdbeeren in dünne Scheiben schneiden und die Unterseite der Profiteroles damit belegen. Die restlichen Erdbeeren mit dem Zitronensaft und dem Zucker pürieren. Das Püree mit der Konfitüre und dem Frischkäse zu einer glatten Creme verarbeiten. Diese auf den Erdbeerscheiben verteilen, dann den Deckel auflegen. Die Profiteroles mit einem Hauch Puderzucker bestauben.

Tipp
Der Brandteig geht besser auf, wenn man ein mit Wasser gefülltes feuerfestes Schälchen auf den Boden des Backofens stellt. Während des Backens die Backofentür nicht öffnen, da das Gebäck sonst zusammenfällt!

Für 6 Stück
Zubereitungszeit: 40 Minuten
Backzeit: 20–25 Minuten

Für den Brandteig
80 ml Milch
70 g Butter
20 g Zucker
1 Prise Salz
100 g Mehl
2 Eier

Für die Füllung
120 g Erdbeeren
1 TL frischer Zitronensaft
1 EL Zucker
1–2 EL Erdbeerkonfitüre
160 g Frischkäse
   (oder Mascarpone)

Außerdem
Puderzucker

GLÜCK IST IMMER DAS,

WAS MAN DAFÜR HÄLT.

PLUNDINIS mit Apfel-Vanille-Frangipane

Für 6 Stück
Zubereitungszeit: 30 Minuten
Backzeit: etwa 20 Minuten

1 Packung tiefgekühlte Blätter-
teigscheiben

Für den Belag
1 Apfel
einige Spritzer frischer
 Zitronensaft
90 g Mandeln, gemahlen
50 g Zucker
1 Prise Salz
1 Ei
1 EL flüssige Butter
1 TL Vanillearoma
30 g Walnüsse, grob gehackt
2 EL Aprikosenkonfitüre

Außerdem
Puderzucker und Schokosauce
 (nach Belieben)

Die einzelnen Scheiben des Blätterteigs zum Auftauen auf eine Lage Backpapier legen. Nach etwa 10 Minuten sechs Teigstücke (etwa 7 cm Ø) mit einem beliebigen Ausstecher oder mit einem Glas ausstechen und auf ein mit Backpapier belegtes Backblech legen.

Den Backofen auf 200 °C Ober-/Unterhitze vorheizen.

Für den Belag den Apfel schälen, halbieren und entkernen. In kleine Stücke schneiden und mit dem Zitronensaft beträufeln.

In einer Schüssel die Mandeln mit dem Zucker und dem Salz mischen. Das Ei, die Butter und das Vanillearoma hinzufügen und alles zu einer streichfähigen Creme verrühren. Diese auf dem Blätterteig verstreichen, dabei je einen etwa 1,5 cm breiten Rand frei lassen. Die Creme mit den Apfelstückchen und den Walnüssen belegen. Im heißen Backofen in etwa 20 Minuten goldbraun backen. Kurz vor Ende der Backzeit die Konfitüre leicht erhitzen und damit die Ränder der Plundinis bestreichen. Die Plundinis nach Belieben mit Puderzucker und Schokosauce dekorieren.

PFLAUMEN-KNUSPER-CRUMBLE

Für 1 Auflaufform mit 25 x 15 cm bzw. 2 Portionen
Zubereitungszeit: 20 Minuten
Backzeit: etwa 30 Minuten

Für das Fruchtbett
1 Glas Pflaumen
   (385 g Abtropfgewicht oder
   400 g frische Pflaumen)
½ TL gemahlener Zimt
2 TL Zucker
Butter für die Form

Für die Streusel
70 g Mehl
90 g Müsli
30 g brauner Zucker
1 Pck. Vanillezucker
80 g weiche Butter

Außerdem
Puderzucker
Vanilleeis (nach Belieben)

Den Backofen auf 170 °C Ober-/Unterhitze (oder 150 °C Umluft) vorheizen. Die Auflaufform mit Butter fetten.

Für das Fruchtbett die Pflaumen abtropfen lassen (frische Pflaumen halbieren und entsteinen) und mit dem Zimt und dem Zucker mischen. In die Form legen.

Für die Streusel in einer Schüssel das Mehl mit dem Müsli, dem Zucker und dem Vanillezucker mischen. Die Butter dazugeben und die Masse zwischen den Fingern zu groben Streuseln verarbeiten. Diese über die Früchte streuen und den Auflauf im heißen Backofen für etwa 30 Minuten backen, bis die Streusel goldbraun sind. Etwas abkühlen lassen.

Den Crumble lauwarm und mit etwas Puderzucker bestaubt servieren. Nach Belieben eine Kugel Vanilleeis dazureichen.

ORANGEN-MOHN-TALER

Den Backofen auf 160 °C Umluft vorheizen und ein Backblech mit Backpapier belegen.

Für den Teig in einem Topf den Mohn mit der Milch und 1 EL Zucker unter Rühren zum Kochen bringen und bei niedriger Temperatur etwa 5 Minuten köcheln lassen, bis die Milch verdampft ist. Den Topf vom Herd nehmen und die Masse abkühlen lassen.

In einer Schüssel die Butter mit den 70 g Zucker, der Orangenschale, dem Salz und der abgekühlten Mohnmasse schaumig schlagen. Das Ei dazugeben. Die Kuvertüre fein reiben und unterheben. In einer weiteren Schüssel das Mehl mit dem Natron, dem Backpulver und den Mandeln mischen, zur Mohnmischung geben und mit ein oder zwei lockeren Bewegungen unterheben.

Mithilfe eines Löffels zwölf Teighäufchen auf das Backblech geben. Zwischen den Häufchen ausreichend Platz lassen, sie laufen auseinander. Im heißen Backofen 10–12 Minuten goldgelb backen. Das Blech aus dem Backofen nehmen und die Taler samt Backpapier sofort auf eine kalte Unterlage gleiten lassen.

Für den Guss den Puderzucker mit etwas Orangensaft glatt rühren und über die ausgekühlten Taler träufeln, dann gut trocknen lassen.

Für 12 Stück
Zubereitungszeit: 20 Minuten
Backzeit: 10–12 Minuten

Für den Teig
40 g Mohn
75 ml Milch
1 EL Zucker plus 70 g
80 g weiche Butter
abgeriebene Schale von
  1 unbehandelten Orange
1 Prise Salz
1 Ei
50 g weiße Kuvertüre
100 g Mehl
1 Msp. Natron
1 Msp. Backpulver
50 g Mandeln, gemahlen

Für den Guss
etwa 80 g Puderzucker
einige Spritzer frischer
  Orangensaft

LINZER KEKSE

Für 12–15 Stück

Zubereitungszeit: 30 Minuten

Kühlzeit: 60 Minuten

Backzeit: 8–10 Minuten

Für den Teig

160 g weiche Butter

70 g Zucker

1 Pck. Vanillezucker

1 Prise Salz

1 Ei

je 1 Prise gemahlener Zimt,
  Nelken, Kardamom

1 TL Kirschwasser (oder Rum)

170 g Mandeln, gemahlen

180 g Mehl, mehr zum Verarbeiten

Außerdem

150 g rotes Gelee
  (z. B. Kirsche oder Johannisbeere)

Puderzucker

Für den Teig die Butter mit dem Zucker, dem Vanillezucker und dem Salz schaumig schlagen. Zuerst das Ei, dann die Gewürze und das Kirschwasser unterrühren. Die Mandeln und das Mehl hinzufügen und alles rasch zu einem glatten Teig verkneten. Diesen zu einer Kugel formen und, in Klarsichtfolie gewickelt, für mindestens 1 Stunde kühl stellen.

Den Backofen auf 140 °C Umluft (oder 160 °C Ober-/Unterhitze) vorheizen. Ein Backblech mit Backpapier belegen.

Den Teig auf bemehlter Arbeitsfläche 3–4 mm dick ausrollen und mit einem runden Ausstecher (etwa 7 cm Ø) 24–30 Teigscheiben ausstechen. Aus der Hälfte der Teigscheiben mit einem kleineren Ausstecher ein Loch aus der Mitte ausstechen. Die Hälfte der Teigscheiben bzw. -ringe auf das Backblech legen und im heißen Backofen 8–10 Minuten hellgelb backen, dann sofort samt Backpapier vom Blech gleiten lassen. Mit den restlichen Teigscheiben bzw. -ringen ebenso verfahren.

Zur Fertigstellung das Gelee glatt rühren und auf die Kekse ohne Loch streichen. Die ausgestanzten Kekse dick mit Puderzucker bestauben und passgenau aufsetzen. Die Linzer Kekse in einer mit Backpapier ausgelegten Blechdose aufbewahren.

BLUEBERRY CHEESECAKE

Für 1 Springform mit 18 cm Ø
Zubereitungszeit: 60 Minuten
Kühlzeit: 40 Minuten
+ mind. 5 Stunden

Für den Teig
60 g Mandelkerne
60 g Butter, mehr für die Form
60 g Butterkekse
50 g brauner Zucker
1 Prise Salz

Für die Käsecreme
6 Blatt weiße Gelatine
200 g Vanillejoghurt
300 g Frischkäse
40 g Zucker
200 ml gut gekühlte Schlagsahne
2 EL frischer Zitronensaft

Für das Heidelbeer-Topping
½ Glas Heidelbeeren (540 g)
1 EL Zucker
1 Spritzer frischer Zitronensaft
2 EL Speisestärke

Den Boden der Springform fetten.

Für den Teig die Mandeln grob hacken und in einer Pfanne ohne Fett unter Schwenken anrösten. Die Butter schmelzen und etwas abkühlen lassen. Die Butterkekse in einen Gefrierbeutel geben, verschließen und mit einer Teigrolle zu feinen Bröseln verarbeiten. Die Brösel in eine Schüssel geben. Die Mandeln, den Zucker und das Salz hinzufügen und untermischen. Die flüssige Butter darübergeben und alles vermengen. Den Teig mithilfe eines Löffels in die Form drücken, sodass ein flacher Boden entsteht. Etwa 40 Minuten kalt stellen.

Für die Käsecreme die Gelatine in kaltem Wasser einweichen. In einer Schüssel den Vanillejoghurt mit dem Frischkäse und dem Zucker glatt rühren. Die Gelatine ausdrücken und bei geringer Temperatur auflösen. Etwa 3 EL der Joghurt-Käse-Creme dazugeben und unterrühren, dann diese Mischung zur restlichen Joghurt-Käse-Creme geben und alles vermengen. Die Sahne steif schlagen und in zwei Portionen unter die Creme heben. Zum Schluss mit dem Zitronensaft abschmecken. Die Käsecreme auf dem Boden verteilen. Mindestens 5 Stunden, besser über Nacht, kühl stellen.

Für das Topping die Heidelbeeren abseihen und die Früchte mit dem Zucker und dem Zitronensaft aufkochen. Die Speisestärke mit 3 EL kaltem Wasser glatt rühren, zu den Heidelbeeren geben und alles unter Rühren eindicken lassen. Die Heidelbeermasse nach dem Abkühlen auf dem Kuchen verteilen. Bis zum Servieren kühl stellen.

MANDEL-FLORENTINER

Die Backform leicht fetten. Eine Lage Backpapier nass machen, zusammenknüllen, wieder glatt streichen und die Form damit auslegen.

Für den Teig die Butter in grobe Stücke schneiden. Mit den übrigen Zutaten zu einem glatten Teig verkneten. In die Form geben und mit einem Löffelrücken oder den Fingern zu einem Boden andrücken. Mit einer Gabel mehrmals einstechen und etwa 1 Stunde kühl stellen.

Für den Belag die Butter mit der Sahne, dem Zucker, dem Honig und dem Salz in einen Topf geben und unter ständigem Rühren aufkochen lassen. Die Temperatur reduzieren. Die Mandeln dazugeben und etwa 2 Minuten köcheln lassen. Vom Herd nehmen und zugedeckt etwa 15 Minuten ruhen lassen.

Inzwischen den Backofen auf 180 °C Ober-/Unterhitze (oder 160 °C Umluft) vorheizen.

Die abgekühlte Mandelmasse auf dem Kuchenboden verstreichen und den Kuchen im heißen Backofen 15–20 Minuten goldgelb backen. Herausnehmen und etwas abkühlen lassen. Noch lauwarm in Rechtecke, diese wiederum in Dreiecke schneiden. Vollständig auskühlen lassen, da die Masse noch weich ist.

Für 1 Backform mit 25 x 22 cm bzw. 12 Stück
Zubereitungszeit: 35 Minuten
Kühlzeit: 60 Minuten
Backzeit: 15–20 Minuten

Für den Teig
100 g Butter, mehr für die Form
160 g Mehl
30 g Mandeln, gemahlen
40 g brauner Zucker
30 g weiße Schokolade, geraspelt
1 Eigelb
1 Prise Salz

Für den Belag
50 g Butter
100 ml Sahne
60 g Zucker
50 g Honig
1 Prise Salz
200 g Mandelblättchen

MOHN-VANILLE-GUGELS

Den Backofen auf 180° Ober-/Unterhitze vorheizen und die Gugelhupfförmchen leicht fetten.

In einer Rührschüssel die Butter mit dem Zucker, dem Vanillezucker und dem Vanillemark aufschlagen, bis die Masse weißlich und schaumig ist. Die Eier, den Schmand, die Zitronenschale sowie das Salz dazugeben und alles vermengen. In einer weiteren Schüssel das Mehl mit der Speisestärke, dem Mohn und dem Backpulver mischen, zur Buttermasse hinzufügen und unterrühren.

Den Teig in die vorbereiteten Förmchen geben, sodass die Förmchen etwa zu drei Vierteln gefüllt sind, und im heißen Backofen 15–20 Minuten backen. Die Kuchen etwas abkühlen lassen, aus den Förmchen lösen und vollständig abkühlen lassen. Mit einem Hauch Puderzucker bestauben.

Für 5 Stück mit etwa 7 cm Ø
Zubereitungszeit: 15 Minuten
Backzeit: 15–20 Minuten

Für den Teig
110 g Butter,
   mehr für die Förmchen
70 g Zucker
1 Pck. Vanillezucker
Mark von ½ Vanilleschote
2 Eier
3 TL Schmand
1 TL abgeriebene Schale von
   1 unbehandelten Zitrone
1 Prise Salz
80 g Mehl
20 g Speisestärke
35 g Mohn
1 TL Backpulver

Außerdem
Puderzucker

BRATAPFEL-SCHMAND-KUCHEN

Für 1 Springform mit 26 cm Ø
Zubereitungszeit: 60 Minuten
Kühlzeit: 30 Minuten
Backzeit: etwa 1 Stunde 30 Minuten

Für den Teig
280 g Mehl
180 g kalte Butter,
   mehr für die Form
85 g Zucker
2 Eier
1 TL Backpulver
1 Prise Salz

Für die Bratäpfel
7 kleine Äpfel
Saft von ½ Zitrone
200 g Marzipanrohmasse
50 ml Sahne
30 g Walnusskerne, gehackt
30 g Rosinen (oder in Rum
   eingelegte Rosinen), gehackt
etwas abgeriebene Schale
   von ½ unbehandelten Orange

Für die Füllung
3 Eier
90 g Zucker
1 Pck. Vanillezucker
400 g Schmand
1 Pck. Vanillepuddingpulver

Außerdem
3 EL Aprikosenkonfitüre
Puderzucker

Für den Teig alle Zutaten zu einem Mürbeteig verkneten, diesen zu einer Kugel formen und, in Klarsichtfolie gewickelt, 30 Minuten kühl stellen.

Den Backofen auf 180 °C Umluft vorheizen. Die Springform fetten und mit nassem Backpapier auslegen (siehe Seite 11).

Aus der Hälfte des Teiges mit den Händen einen Boden in die Springform drücken, diesen mehrmals mit der Gabel einstechen. Aus dem restlichen Teig einen mindestens 4 cm hohen Rand formen. Er muss an seiner oberen Kante nicht ganz gerade abschließen. Den Boden mit zurechtgeschnittenem Backpapier belegen und mit getrockneten Hülsenfrüchten beschweren. Den Teig etwa 20 Minuten blindbacken, dann das Papier mitsamt den Hülsenfrüchten entfernen. Die Temperatur auf 160 °C reduzieren und den Kuchen weitere 10 Minuten backen. Sollte er sich etwas wölben, mehrmals mit einem Zahnstocher einstechen.

Für die Bratäpfel die Äpfel waschen und das Kerngehäuse ausstechen, dann das Innere mit einem Löffel etwas aushöhlen. Sofort mit Zitronensaft beträufeln. Das Marzipan hobeln und mit der Sahne, den Walnusskernen, den Rosinen und der Orangenschale vermengen. Die Masse in die vorbereiteten Äpfel füllen. Diese auf den Teigboden setzen.

Für die Füllung die Eier mit dem Zucker und dem Vanillezucker schaumig rühren. Den Schmand und das Puddingpulver unterrühren. Die Masse neben die Äpfel füllen. Den Kuchen etwa 1 Stunde backen, dabei nach 40 Minuten mit etwas Alufolie abdecken, damit er nicht zu braun wird. Im ausgeschalteten Backofen bei leicht geöffneter Tür langsam auskühlen lassen.

Die Konfitüre erwärmen und den Kuchen damit bestreichen. Mit Puderzucker bestauben.

luftig,

leicht

unbeschwert

TIFFANY-CAKES

Den Backofen auf 175 °C Ober-/Unterhitze vorheizen. Ein Backblech mit Backpapier belegen.

Für den Teig die Eier trennen. Das Eiweiß mit dem Salz und 2 EL Wasser steif schlagen. Das Eigelb mit dem Zucker und dem Vanillezucker etwa 2 Minuten zu einer weißlichen, cremigen Masse aufschlagen, dann vorsichtig unter den Eischnee rühren. Das Mehl mit der Speisestärke, dem Backpulver und den Nüssen mischen, zur Eiermasse hinzufügen und unterheben.

Den Teig auf das Backblech geben, glatt streichen und etwa 25 Minuten backen. Auskühlen lassen. Mit einem Ausstecher oder einem Glas (6 cm Ø) 12 Kreise ausstechen.

Für die Ganache die Kuvertüre grob hacken und über dem Wasserbad mit der Sahne schmelzen, dann etwas abkühlen lassen. In der Zwischenzeit das Gelee mit dem Likör glatt rühren und die Törtchen zusammenbauen. Dazu zwei Teigkreise mit etwas glatt gerührtem Gelee bestreichen und aufeinanderlegen, dann einen dritten Kreis oben aufsetzen. Auf diese Weise insgesamt vier Türmchen zubereiten. Mit einem Löffel die Ganache über die Türmchen laufen lassen und mit einer Tortenkarte glatt streichen. Im Kühlschrank fest werden lassen.

Für die Dekoration den Fondant weich kneten. Die Arbeitsfläche mit etwas Speisestärke bestreuen. Den Fondant in sechs Portionen teilen und jeweils 2–3 mm dick kreisrund ausrollen. Die Fondantplatten auf die Törtchen heben, diese damit vollständig überziehen und überschüssigen Fondant rundum abschneiden. Mit den Händen oder einem Glätter die Oberfläche begradigen.

Die Blütenpaste weich kneten und hauchdünn ausrollen. Mit Blütenausstechern beliebige Blüten ausstechen und auf etwas Alufolie trocknen lassen, dann die Törtchen damit dekorieren. Die Kontaktstelle befeuchten, damit die Blüte besser haftet.

Für 4 Stück

Zubereitungszeit: 2 Stunden
Backzeit: 25 Minuten

Für den Teig

4 Eier
1 Prise Salz
80 g Zucker
1 Pck. Vanillezucker
80 g Mehl
20 g Speisestärke
1 TL Backpulver
50 g Haselnüsse, gemahlen

Für die Ganache
und die Füllung

200 g dunkle Kuvertüre
100 ml Sahne
120 g Johannisbeergelee
2 EL Cassislikör

Außerdem

500 g weißer Fondant
   (in Onlineshops erhältlich)
200 g Blütenpaste (in Onlineshops erhältlich)
Speisestärke zum Verarbeiten

RAFFAELLO-CUPCAKES

Für 12 Muffins
Zubereitungszeit: 40 Minuten
Backzeit: 12 Minuten

Für den Teig
50 g weiße Schokolade
125 g weiche Butter
90 g Zucker
1 Pck. Vanillezucker
1 Prise Salz
2 Eier
125 g Mehl
2 TL Backpulver
40 g Kokosflocken
3 EL Milch

Für das Topping
140 g weiche Butter
160 g Puderzucker
3–4 EL Kokoslikör
  (oder Kokossirup)

Außerdem
80 g Kokosflocken
12 Raffaellokugeln

Den Backofen auf 160 °C Umluft vorheizen. Das Muffinblech mit Papierförmchen bestücken.

Für den Teig die Schokolade fein reiben. In einer Rührschüssel die Butter mit dem Zucker, dem Vanillezucker und dem Salz schaumig schlagen. Die Eier unterrühren. In einer weiteren Schüssel das Mehl mit dem Backpulver mischen und über die Butter-Ei-Masse sieben. Die Schokolade und Kokosflocken hinzufügen und alles untermischen. Zuletzt den Teig mit der Milch glatt rühren.

Den Teig in die Förmchen geben, sodass diese etwa zu drei Vierteln gefüllt sind. Im heißen Backofen in etwa 12 Minuten goldbraun backen. Vollständig abkühlen lassen.

Für das Topping die Butter mit dem Puderzucker aufschlagen, bis sie sich weißlich verfärbt, dann mit dem Likör glatt rühren. Die Masse mithilfe eines Esslöffels auf die Cupcakes auftragen und wie eine Kuppel glatt streichen.

Die Cupcakes mit den Kokosflocken bestreuen und je eine Raffaellokugel auf die Spitze setzen.

PETIT-FOURS-HERZEN

Den Backofen auf 175 °C Umluft vorheizen. Eine große rechteckige Backform oder ein Backblech mit Backpapier belegen.

Für den Teig die Eier trennen. Das Eiweiß mit einem Schneebesen steif schlagen, dabei den Zucker und den Vanillezucker einrieseln lassen. Das Eigelb unterrühren. In einer weiteren Schüssel das Mehl, die Stärke und das Backpulver mischen, dann über den Teig sieben und vorsichtig unterheben, damit der Biskuitteig schön locker und luftig wird. Auf das Backpapier streichen und im heißen Backofen in etwa 10 Minuten hell backen. Anschließend auf ein sauberes Küchentuch stürzen und sofort das Backpapier abziehen.

Aus dem abgekühlten Biskuit mit einem Herzausstecher sechs Herzen ausstechen. Drei Herzen mit der Konfitüre bestreichen, die übrigen Herzen daraufsetzen.

Für die Glasur den Puderzucker mit etwas Zitronensaft glatt rühren, bis eine zähflüssige Masse entsteht. Die Oberfläche der Herztörtchen mit der Glasur bestreichen (sie kann mit Lebensmittelfarbe eingefärbt werden). Nach Belieben dekorieren.

Für 3 Herzen
Zubereitungszeit: 40 Minuten
Backzeit: 10 Minuten

Für den Teig
3 Eier
125 g Zucker
1 Pck. Vanillezucker
65 g Mehl
60 g Speisestärke
½ TL Backpulver

Für die Füllung
etwa 3 EL Himbeerkonfitüre (oder
   Konfitüre nach Geschmack)

Für die Glasur
4 EL Puderzucker
Saft von ½ Zitrone

Außerdem
Dekoration nach Belieben
   (z. B. Blumen aus Blütenpaste,
   Zuckerperlen, bunte Streusel)

Strawberry-Cheesecake-ICE-STICKS

In einer Schüssel den Frischkäse mit dem Schmand und der Sahne vermischen. Den Zucker, den Vanillezucker und den Zitronensaft erst mit einem Löffel untermengen, dann mit dem Schneebesen in etwa 5 Minuten cremig und klümpchenfrei aufschlagen. Die Konfitüre glatt verrühren, mit einem Löffel über der Käsekuchencreme verteilen und diese nur einmal kurz durchmarmorieren.

Die Masse in einen Messbecher mit Auslauf geben, dann in die Eisförmchen füllen. Kleine Holzstäbchen oder Cakepop-Sticks in die Förmchen stecken. Im Tiefkühlfach etwa 12 Stunden (am besten über Nacht) gefrieren lassen. Kurz unter heißes Wasser halten und aus den Formen lösen.

Tipp
Wer keine Silikonform zur Hand hat, kann auch gesäuberte Joghurtbecher verwenden.

Für 18 Ministicks
Zubereitungszeit: 10 Minuten
Gefrierzeit: 12 Stunden

200 g Doppelrahm-Frischkäse
120 g Schmand
60 ml Sahne
70 g Zucker
1 Pck. Vanillezucker
2 EL frischer Zitronensaft
2 EL Erdbeerkonfitüre

Let's face it, a nice creamy *chocolate cake* does a lot for a lot of people; it does for me!

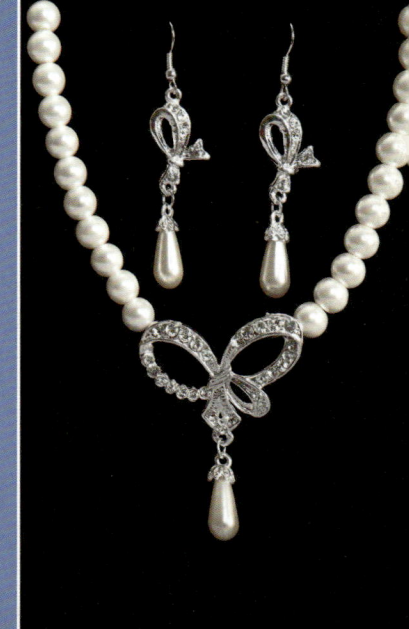

FEINES KOKOSKONFEKT

Für etwa 12 Stück
Zubereitungszeit: 30 Minuten

50 g Kokosfett
125 ml Sahne
1 Prise Salz
200 g weiße Schokolade, gehackt
2 EL Kokoslikör (oder Kokossirup)
250 g Kokosflocken
rosa Lebensmittelfarbe

In einem kleinen Topf mit dickem Boden das Kokosfett mit der Sahne und dem Salz unter ständigem Rühren schmelzen. Dabei nach und nach die gehackte Schokolade und den Likör hinzufügen. Sobald die Masse flüssig ist, 200 g Kokosflocken dazugeben und unterrühren. Die Masse handwarm abkühlen lassen, dann zwischen den Handflächen zu etwa zwölf kleinen Kugeln formen. Die restlichen Kokosflocken mit etwas Lebensmittelfarbe rosa einfärben und die Kugeln darin wälzen. Das Konfekt in kleine Papiermanschetten setzen.

Tipp
Das Kokoskonfekt ist ein kleines, aber feines Geschenk für jeden Anlass. Sie können es auch etwas abwandeln und beispielsweise eine geröstete Mandel oder eine Cocktailkirsche (wie in der Abbildung rechts) in die Mitte geben.

BREAKFAST AT TIFFANY'S Cupcakes

Für 12 Muffins
Zubereitungszeit: 50 Minuten
Backzeit: 12 Minuten

Für den Teig
125 g weiche Butter
110 g Zucker
1 Pck. Vanillezucker
1 Prise Salz
2 Eier
100 g Mehl
30 g Speisestärke
1 ½ TL Backpulver
65 g weiße Schokolade,
   fein gerieben
1 EL Milch
1 EL Rosenwasser

Außerdem
5 EL Aprikosenkonfitüre
Puderzucker oder Speisestärke
   zum Verarbeiten
250 g weißer Fondant
80 g schwarzer Fondant
Band aus selbstklebender
   schwarzer Spitze (in Onlineshops erhältlich), nach Belieben

Den Backofen auf 160 °C Umluft (180 °C Ober-/Unterhitze) vorheizen. Das Muffinblech mit Papierförmchen bestücken.

Für den Teig in einer Rührschüssel die Butter mit dem Zucker, dem Vanillezucker und dem Salz zu einer weißlichen, schaumigen Masse aufschlagen. Die Eier nacheinander dazugeben. In einer weiteren Schüssel das Mehl mit der Speisestärke und dem Backpulver mischen, über die Butter-Eier-Masse sieben und unterheben. Die geriebene Schokolade einrühren. Zuletzt die Milch und das Rosenwasser unter den Teig mischen.

Den Teig zu drei Vierteln in die Förmchen füllen. In etwa 12 Minuten goldbraun backen. Kurz im ausgeschalteten Backofen ruhen lassen, herausnehmen und vollständig abkühlen lassen.

Die Konfitüre erwärmen und glatt rühren, dann durch ein Sieb passieren. Die Oberfläche der Cupcakes hauchzart (damit der Fondant nicht durchweicht) damit bestreichen.

Die Arbeitsfläche mit etwas Puderzucker oder Speisestärke bestreuen und den weißen Fondant darauf etwa 3 mm dick ausrollen. Mit einem runden Ausstecher oder einem Glas zwölf Kreise ausstechen, die etwas größer als die Cupcakes sind. Die Fondantkreise auf die Cupcakes legen und mit der Hand glatt streichen. Mit einem Rolling Pin (kleine Teigrolle mit strukturierter Oberfläche) das Blumenmuster prägen, indem man unter leichtem Druck über den weißen Fondant rollt.

Eine Silikonform mit zwölf Mulden (z. B. wie hier eine 3-D-Rosenform, in Onlineshops erhältlich) großzügig mit Speisestärke ausstreuen, dann den schwarzen Fondant hineingeben und den Überschuss abschneiden. Die Fondantrosen oder sonstigen Figuren leicht befeuchten, damit sie besser haften, und auf den weißen Fondant setzen. Nach Belieben mit einem schwarzen Spitzenband dekorieren.

ANGEL-DONUTS

Für den Teig den Zucker mit dem Vanillezucker, dem Salz und dem Öl verrühren. Das Ei und den Schmand dazugeben und untermischen. In einer weiteren Schüssel das Mehl mit dem Backpulver mischen und abwechselnd mit der Milch unter die Zucker-Ei-Masse mengen. Den Teig in die Donut-Förmchen geben (siehe Tipp), sodass diese etwa zu drei Vierteln gefüllt sind, und im heißen Backofen 12–15 Minuten backen. Herausnehmen und abkühlen lassen.

Die Candy Melts ganz kurz über dem Wasserbad oder in der Mikrowelle erhitzen, dann die Donuts damit dekorieren und mit Zuckerperlen bestreuen (oder nach Belieben die Donuts mit eingefärbter Glasur oder Schokoguss überziehen oder einfach nur mit Puderzucker bestauben).

Tipp
Das Befüllen der Donut-Förmchen ist einfacher und sauberer, wenn man den recht flüssigen Teig in einen Messbecher mit Ausgießer gibt.

Für 15 Donuts
Zubereitungszeit: 25 Minuten
Backzeit: 12–15 Minuten

Für den Teig
80 g Zucker
1 Pck. Vanillezucker
1 Prise Salz
2 EL Öl
1 Ei
2 EL Schmand
120 g Mehl
1 TL Backpulver
60 g Milch

Außerdem
weiße Candy Melts (Schmelz-
    drops; in Onlineshops erhältlich;
    alternativ weiße Kuvertüre)
weiße und silberne Zuckerperlen

KOKOS-BUTTERCREME-TORTE

**Für 2 Springformen
mit je 16 cm Ø**
Zubereitungszeit: 60 Minuten
Backzeit: 40 Minuten
Kühlzeit: 1 Stunde

Für den Teig
3 Eier
1 Prise Salz
170 g weiche Butter,
   mehr für die Formen
180 g Zucker
2 EL Kokoslikör
170 g Mehl
50 g Stärke
4 TL Backpulver
1 TL Natron
50 g Kokosraspel
200 ml Kokosmilch

Für die Füllung
120 g weiche Butter
2 EL Kokoslikör (oder Kokossirup)
175 g Frischkäse
240 g Puderzucker
60 g Kokosflocken

Für die Buttercreme
150 g weiche Butter
3 EL Kokosmilch
1 Prise Salz
etwa 380 g Puderzucker

Außerdem
Kokosraspel (nach Belieben)

Den Backofen auf 160 °C Umluft vorheizen. Die beiden Springformen fetten und zusätzlich mit Backpapier auslegen.

Für den Teig die Eier trennen. Das Eiweiß mit dem Salz und 4 EL kaltem Wasser steif schlagen. In einer Rührschüssel die Butter mit dem Zucker und dem Kokoslikör schaumig aufschlagen. Nach und nach das Eigelb hinzufügen. Das Mehl mit der Stärke, dem Backpulver, dem Natron und den Kokosraspeln mischen, zur Butter-Eier-Masse hinzufügen und untermischen. Die Kokosmilch einrühren und zuletzt den Eischnee in drei Portionen unterheben. Den Teig auf die beiden vorbereiteten Springformen verteilen und etwa 40 Minuten backen. Unbedingt die Stäbchenprobe machen (siehe Seite 12). Den Springformrand lösen und die Tortenböden auf einem Kuchengitter vollständig auskühlen lassen. Dann einmal waagerecht halbieren.

Für die Füllung die Butter mit dem Kokoslikör schaumig rühren. Den Frischkäse und den Puderzucker hinzufügen und rühren, bis eine glatte Masse entsteht. Zum Schluss die Kokosflocken einarbeiten. Einen Tortenboden auf eine Tortenplatte setzen, ein Drittel der Füllung daraufgeben und glatt streichen. Einen weiteren Boden aufsetzen und mit einem weiteren Drittel der Füllung bestreichen und mit dem dritten Boden und der restlichen Füllung ebenso verfahren. Als Abschluss den vierten Boden aufsetzen und die Torte etwa 20 Minuten kühl stellen. Inzwischen die Buttercreme vorbereiten.

Für die Buttercreme die Butter mit der Kokosmilch und dem Salz glatt rühren, dann nach und nach den Puderzucker dazugeben und alles mit dem Handrührgerät zu einer weißlichen, cremigen Masse aufschlagen. Die Torte rundum mit der Buttercreme bestreichen, dabei mit dem Messer überall kleine Spitzen aus der Buttercreme ziehen, sodass ein dekoratives Muster entsteht. Nach Belieben mit Kokosraspeln bestreuen. Mindestens 1 Stunde kühl stellen.

ALLÜREN SIND NUR ETWAS

FÜR DIE UNFERTIGEN.

MARZIPAN-ORANGEN-GUGELS

Den Backofen auf 150 °C Umluft (175 °C Ober-/Unterhitze) vorheizen. Die Mulden des Gugelhupfblechs leicht fetten und mit Mehl bestauben.

Die Marzipanrohmasse fein raspeln und in eine Schüssel geben. Die Eier, den Puderzucker, den Vanillezucker und das Salz hinzufügen und alles zu einer cremigen Masse verrühren. Die Orangenschale und das Öl dazugeben und unterrühren. In einer weiteren Schüssel das Mehl und das Backpulver mischen, über die Marzipanmasse sieben und unterheben.

Die Hälfte des Teiges in die Mini-Gugelhupf-Formen geben, sodass diese etwa zu drei Vierteln gefüllt sind, und im heißen Backofen in etwa 10 Minuten goldbraun backen. Den restlichen Teig inzwischen kalt stellen, dann ebenso backen.

Die fertigen Gugels ganz leicht mit Puderzucker bestauben.

Tipp

Trocken und luftdicht verpackt (z. B. in einer Blechdose), können die Mini-Gugels etwa 1 Woche aufbewahrt werden.

Für 20 Stück
Zubereitungszeit: 20 Minuten
Backzeit: je Form 10 Minuten

80 g gut gekühlte
  Marzipanrohmasse
2 Eier
90 g Puderzucker,
  mehr zum Bestauben
1 Pck. Vanillezucker
1 Prise Salz
1–2 EL abgeriebene Orangenschale
60 ml neutrales Öl,
  mehr für die Form
80 g Mehl, mehr für die Form
1 TL Backpulver

AMARETTO-CREAM-CHEESECAKE

Den Backofen auf 200 °C Ober-/Unterhitze vorheizen. Die Springform fetten und mit Mehl bestauben.

Für den Teig die Butter mit dem Zucker, dem Vanillezucker und dem Salz zu einer weißlichen, cremigen Masse aufschlagen. Die Eier dazugeben und unterrühren. In einer weiteren Schüssel das Mehl mit der Stärke, dem Backpulver und dem Natron mischen, über die Butter-Eier-Masse sieben und unterheben. Zuletzt die Buttermilch und den Amaretto dazugeben und unterrühren. Den Teig in die vorbereitete Form füllen.

Für die Füllung den Schichtkäse mit dem Frischkäse, dem Zucker und dem Vanillezucker mischen. Die Eier hinzufügen und alles zu einer glatten Masse verrühren. Das Puddingpulver darüberstreuen und mit einem Handrührgerät etwa 2 Minuten rühren, bis die Masse cremig ist. Die Masse auf dem Kuchenboden verteilen.

Für die Streusel die Butter schmelzen. Die Amarettini in einen Frischhaltebeutel geben, verschließen und mit einer Teigrolle zu feinen Krümeln verarbeiten. Die Kekskrümel in eine Schüssel geben und mit dem Mehl, dem Zucker und dem Espressopulver mischen. Die flüssige Butter darübergießen. Die Masse mit den Fingern zu groben Streuseln verarbeiten und auf der Käsecreme verteilen.

Den Kuchen im heißen Backofen auf mittlerer Schiene etwa 1 Stunde backen. Nach dem Auskühlen mit einem Hauch Puderzucker bestauben.

Für 1 Springform mit 26 cm Ø
Zubereitungszeit: 30 Minuten
Backzeit: etwa 1 Stunde

Für den Teig
110 g weiche Butter,
  mehr für die Form
120 g Zucker
1 Pck. Vanillezucker
1 Prise Salz
2 Eier
150 g Mehl, mehr für die Form
40 g Speisestärke
½ TL Backpulver
½ TL Natron
80 ml Buttermilch
2 EL Amaretto (Mandellikör)

Für die Füllung
500 g Schichtkäse
200 g körniger Frischkäse
100 g Zucker
1 Pck. Vanillezucker
2 Eier
½ Pck. Vanillepuddingpulver

Für die Streusel
80 g Butter
30 g Amarettini
130 g Mehl
40 g brauner Zucker
½ Stick Espressopulver

Außerdem
Puderzucker

MANDARINEN-TARTELETTES

Für 6 Tartelette-Förmchen
mit 10 cm Ø (oder 1 große
Tarteform mit 22 cm Ø)
Zubereitungszeit: 45 Minuten
Kühlzeit: mind. 60 Minuten
  + 60 Minuten
Backzeit: 12–15 Minuten

Für den Teig
90 g kalte Butter,
  mehr für die Förmchen
140 g Mehl
40 g Mandeln, gemahlen
40 g Zucker
1 Prise Salz

Für das Mandarinen-Curd
1 Dose Mandarinen
  (Füllmenge 312 g)
Saft von ½ Zitrone
90 g Butter
80 g Zucker
20 g Speisestärke
2 Eigelb

Für den Teig die Butter in Stücke schneiden und mit den übrigen Zutaten sowie 1–2 EL Wasser rasch zu einem glatten Teig verkneten. Diesen zu einer Kugel formen und, in Klarsichtfolie gewickelt, für etwa 1 Stunde kühl stellen.

Den Backofen auf 160 °C Umluft (180 °C Ober-/Unterhitze) vorheizen und die Förmchen leicht fetten. Den Teig kurz geschmeidig kneten, in sechs Portionen teilen und jede Portion zwischen zwei Lagen Klarsichtfolie kreisrund und etwas größer als die Förmchen ausrollen. Die obere Lage Folie abziehen und den Teig jeweils mithilfe der unteren Lage in ein Förmchen legen. Einen Rand formen. Den Boden mehrmals mit einer Gabel einstechen, mit Backpapier belegen und mit getrockneten Hülsenfrüchten beschweren. Im heißen Backofen 12–15 Minuten blindbacken, dann die Hülsenfrüchte und das Papier entfernen und die Törtchen auskühlen lassen.

Für das Mandarinen-Curd die Mandarinen abseihen, dabei den Saft in einem Topf auffangen. Die Mandarinenfilets beiseitestellen. Den Mandarinensaft mit dem Zitronensaft mischen und mit Wasser auf 200 ml auffüllen. Die Butter und den Zucker hinzufügen und alles aufkochen lassen. Die Stärke mit etwa 3 EL kaltem Wasser glatt rühren. Den kochenden Saft damit unter kräftigem Rühren binden und etwa 1 Minute weiterköcheln lassen. Dann vom Herd nehmen, in eine Schüssel füllen und etwa 3 Minuten abkühlen lassen.

Das Eigelb in einer kleinen Schüssel mit 2 EL warmer Creme verrühren, dann diese Mischung unter die restliche Creme rühren. Das Curd auf den Tartelettes verteilen, fächerförmig mit den Mandarinenfilets belegen und etwa 1 Stunde kalt stellen.

CUPCAKES mit gebrannten Mandeln

Für 12 Muffins
Zubereitungszeit: 45 Minuten
Backzeit: 15–20 Minuten

Für den Teig
2 Eier
100 g Zucker
1 Pck. Vanillezucker
5 Tropfen Mandelaroma
1 Prise Salz
50 ml Öl
90 g Mehl
2 EL Speisestärke
140 g Mandeln, gemahlen
½ TL Backpulver
¼ TL Natron
50 ml Mineralwasser

Für die gebrannten Mandeln
70 g ganze Mandeln (mit Haut)
70 g Zucker
1 Pck. Vanillezucker

Für das Topping
170 g weiche, zimmerwarme
   Butter
280 g Puderzucker
3 EL Amaretto (Mandellikör)

Zunächst die gebrannten Mandeln zubereiten. Dazu alle Zutaten zusammen mit 3 EL Wasser in einen Topf mit dickem Boden geben und bei maximaler Temperatur erhitzen. Unter ständigem Rühren den Zucker schmelzen, die Masse muss dabei kräftig blubbern. Wenn das Wasser vollständig verkocht ist (aufpassen, dass nichts anbrennt!), die Mandeln auf ein mit Backpapier belegtes Blech geben und sofort mit einer Gabel voneinander trennen. (Vorsicht, sie sind sehr heiß!)

Den Backofen auf 170 °C Umluft vorheizen und das Muffinblech mit Papierförmchen bestücken.

Für den Teig die Eier mit dem Zucker, dem Vanillezucker, dem Mandelaroma und dem Salz zu einer weißlichen, schaumigen Masse verrühren, dann das Öl dazugeben und untermischen. In einer weiteren Schüssel das Mehl, die Stärke, die Mandeln, das Backpulver und das Natron mischen, zu der Eiermasse geben und kurz unterheben. Das Mineralwasser hinzufügen und alles zu einem glatten Teig verrühren. Zum Schluss ein Drittel der gebrannten Mandeln klein hacken und unterheben. Den Teig in die Papierförmchen füllen, sodass diese etwa zu drei Vierteln gefüllt sind, und im heißen Backofen 15–20 Minuten backen. Die Stäbchenprobe machen (siehe Seite 12), dann im Backofen abkühlen lassen.

Für das Topping die Butter mit dem Puderzucker mischen und mit dem Handrührgerät oder Schneebesen weißlich aufschlagen, dabei den Likör einfließen lassen. Ist die Masse zu weich, kurz in den Kühlschrank geben. In einen Spritzbeutel mit Sterntülle füllen und die Cupcakes dekorieren. Dazu, am äußeren Rand beginnend, die Creme kreisförmig aufspritzen und dabei auch in die Höhe arbeiten (oder die Creme mit einem Löffel locker auf den Cupcakes verteilen). Mit den restlichen gebrannten Mandeln dekorieren.

Wenn du immer das tust,
was du möchtest,
ist wenigstens schon mal
ein Mensch *glücklich.*

SCHOKOLADEN-KARAMELL-SCONES

Den Backofen auf 175 °C Umluft (200 °C Ober-/Unterhitze) vorheizen und ein Backblech mit Backpapier belegen.

Die Bonbons in kleine Stücke schneiden und in einer Schüssel mit den Schokotropfen vermengen. In einer weiteren Schüssel die Sahne, den Vanillezucker und die Orangenschale mischen. In einer dritten Schüssel das Mehl mit der Speisestärke, dem Zucker, dem Backpulver, dem Natron und dem Salz vermengen. Die kalte Butter in Stücke schneiden, dazugeben und die Mehl-Butter-Mischung mit den Fingerspitzen zu groben Streuseln verarbeiten. Zuerst die Sahnemischung, dann die Schokolade und die Bonbons dazugeben. Alles nur ganz kurz vermengen, bis der Teig gerade eben zusammenhält, damit die Scones locker und saftig werden.

Den Teig auf leicht bemehlter Arbeitsfläche behutsam ausrollen oder mit den Händen flach drücken, bis er etwa 2 cm dick ist. Mit einem beliebigen Ausstecher 8–10 Kekse ausstechen oder den Teig mit einem Messer in grobe Formen wie Dreiecke oder Vierecke schneiden. Die Form darf dabei ruhig unregelmäßig sein. Mit etwas Abstand auf das vorbereitete Backblech legen und im heißen Backofen in 15 Minuten goldbraun backen. Auf einem Kuchengitter auskühlen lassen.

Tipp
Für perfekte Scones ist es wichtig, den Teig nicht zu überkneten. Es sollen noch kleine Butterstückchen zu sehen sein. Wird die Butter durch das Kneten zu warm, klebt der Teig und muss kurz in den Kühlschrank! Stechen Sie die Kekse dicht an dicht aus, denn übrig gebliebener Teig sollte nicht noch einmal ausgerollt werden, da er sonst zäh wird – formen Sie Teigreste per Hand zu einem Scone.

Für 8–10 Stück
Zubereitungszeit: 15 Minuten
Backzeit: 15 Minuten

8 weiche Sahne-Toffee-Bonbons
80 g Zartbitter-Schokotröpfchen
125 ml Sahne
1 Pck. Vanillezucker
abgeriebene Schale von
 ½ unbehandelten Orange
160 g Mehl, mehr zum Verarbeiten
60 g Speisestärke
40 g Zucker
1 TL Backpulver
½ TL Natron
1 Prise Salz
90 g kalte Butter

KIRSCH-PUDDING-KUCHEN

Den Backofen auf 150 °C Umluft (oder 170 °C Ober-/Unterhitze) vorheizen. Ein Backblech fetten und mit Backpapier belegen.

Zuerst den Pudding zubereiten. Dazu die Milch (4 EL zurückbehalten) in einem Topf zum Kochen bringen. Das Puddingpulver mit der restlichen Milch und dem Zucker glatt rühren. Sobald die Milch aufkocht, die Mischung einrühren und den Pudding eindicken lassen. Dann die Butter einrühren. Den Pudding in eine Schüssel füllen und ein Stück Klarsichtfolie direkt auf die Oberfläche legen, damit sich keine Haut bildet.

Für den Teig die Kirschen waschen und entsteinen. In einer Rührschüssel die Butter mit dem Zucker, dem Vanillezucker und dem Salz schaumig schlagen. Die Eier nach und nach hinzufügen und unterrühren. In einer weiteren Schüssel das Mehl mit dem Backpulver mischen, dann zur Butter-Eier-Masse geben. Das Mineralwasser hinzufügen und alles ganz kurz mit dem Löffel unterheben (nicht lange rühren!). Zum Schluss die Kirschen untermischen, dann den Teig auf das vorbereitete Blech streichen. Mit einem großen Löffel Mulden hineindrücken und diese mit dem Pudding füllen.

Den Kuchen im heißen Backofen etwa 40 Minuten backen. Etwa 10 Minuten vor Ende der Backzeit mit den Mandeln und dem braunem Zucker bestreuen. Den abgekühlten Kuchen in beliebig große Schnitten schneiden.

Tipp
Reichen Sie zu dem saftigen Kuchen etwas warme Vanillesauce und ein paar frische Kirschen.

Für 1 Backblech mit 23 x 19 cm
Zubereitungszeit: 25 Minuten
Backzeit: 40 Minuten

Für den Teig
200 g Kirschen
220 g weiche Butter
180 g Zucker
1 Pck. Vanillezucker
1 Prise Salz
4 Eier
250 g Mehl
1 EL Backpulver
2 EL Mineralwasser
   mit Kohlensäure

Für den Pudding
300 ml Milch
1 Pck. Vanillepuddingpulver
   (zum Kochen)
2 EL Zucker
1 EL Butter

Außerdem
60 g Mandelblättchen
2 EL brauner Zucker

JOHANNISBEER-KUPPELTORTE

**Für 1 große Torte
mit etwa 24 cm Ø**
Zubereitungszeit: 60 Minuten
Kühlzeit: mind. 8 Stunden
Backzeit: 18–20 Minuten

Für den hellen Biskuit
5 Eier
1 Prise Salz
120 g Zucker plus 1 EL
150 g Mehl
1 TL Backpulver
½ Glas Johannisbeerkonfitüre

Für den Schokobiskuit
2 Eier
1 Prise Salz
70 g Zucker
75 g Mehl
1 EL Kakaopulver
1 TL Backpulver

Für die Fruchtfüllung
5 Blatt weiße Gelatine
200 g rote Johannisbeeren
100 g Zucker plus 2 EL
500 g Speisequark
250 g Mascarpone
1 Pck. Vanillezucker

Den Backofen auf 200 °C Ober-/Unterhitze vorheizen. Ein Backblech mit Backpapier belegen.

Für den hellen Biskuit die Eier trennen. Das Eiweiß mit dem Salz und 4 EL kaltem Wasser steif schlagen, die 120 g Zucker einrieseln lassen. Das Eigelb unterrühren. Das Mehl und das Backpulver mischen, darübersieben und unterheben. Den Teig 10–12 Minuten backen, dann auf ein feuchtes, mit 1 EL Zucker bestreutes Küchentuch stürzen. Das Backpapier abziehen. Die Konfitüre erwärmen und den Teig damit bestreichen. Von der Längsseite her eng aufrollen, dann in 1 cm breite Scheiben schneiden. Eine Schüssel (2 l Inhalt) mit Klarsichtfolie auslegen. In der Mitte beginnend mit den Biskuitröllchen auskleiden.

Für den Schokobiskuit den Boden einer Springform (Ø je nach Öffnungsgröße der Schüssel) mit Backpapier belegen. Die Eier trennen. Das Eiweiß mit 2 EL kaltem Wasser und dem Salz steif schlagen. Den Zucker einrieseln lassen. Das Eigelb unterrühren. Das Mehl mit dem Kakao und dem Backpulver mischen, darübersieben und unterheben. In der Springform bei 200 °C Ober-/Unterhitze etwa 8 Minuten backen, herausnehmen und abkühlen lassen.

Für die Fruchtfüllung die Gelatine in kaltem Wasser einweichen. Die Johannisbeeren von den Rispen streifen, 120 g abmessen und mit den 2 EL Zucker etwa 3 Minuten kochen. Die Masse pürieren und passieren. Die ausgedrückte Gelatine darin unter Rühren auflösen. Etwas abkühlen lassen.

Den Quark mit dem Mascarpone, den 100 g Zucker und dem Vanillezucker glatt rühren, 3 EL davon unter das Fruchtpüree mischen, dieses unter die Mascarponecreme rühren. Die restlichen Beeren unterheben. Die Masse in die Schüssel geben und den Schokobiskuit auflegen. Mit einem Teller beschwert, mindestens 8 Stunden kühl stellen, dann stürzen.

JOHANNISBEER-KOKOS-MUFFINS

Für 9 Muffins
Zubereitungszeit: 20 Minuten
Backzeit: 20–25 Minuten

Für den Teig
150 g Johannisbeeren
1 EL Kokosflocken
125 g weiche Butter
80 g Zucker
1 Pck. Vanillezucker
1 Prise Salz
1 EL Kokoslikör (oder Kokossirup)
2 Eier
160 g Mehl
60 g Mandeln, gemahlen
1 EL Backpulver
1–2 EL Milch

Außerdem
1 EL Puderzucker

Den Backofen auf 200 °C Ober-/Unterhitze vorheizen. Das Muffinblech mit Papierförmchen bestücken.

Die Beeren waschen, mit Küchenpapier trocken tupfen und mithilfe einer Gabel von den Rispen streifen. Mit den Kokosflocken bestreuen.

In einer Rührschüssel die Butter mit dem Zucker, dem Vanillezucker und dem Salz in 2–3 Minuten zu einer weißlichen, schaumigen Creme schlagen. Den Likör und die Eier unterrühren. In einer weiteren Schüssel das Mehl, die Mandeln und das Backpulver mischen, dann zur Butter-Eier-Masse geben und alles zusammen mit der Milch glatt rühren. Die Beeren unterheben.

Den Teig in die Förmchen füllen. Die Muffins in 20–25 Minuten goldbraun backen, anschließend in der Form auskühlen lassen. Zum Servieren mit einem Hauch Puderzucker bestauben.

HIMBEER-MARZIPAN-CRUMBLE

Den Backofen auf 180 °C Umluft vorheizen. Die Auflaufformen mit Butter fetten.

Zwei schöne Himbeeren beiseitelegen. Die restlichen Himbeeren (tiefgekühlte Früchte auftauen lassen) mit dem Vanillezucker mischen und in die Formen verteilen. Das Marzipan in kleine Stücke raspeln (das geht am besten, wenn man es zuvor kurz in das Tiefkühlfach legt), dann über die Himbeeren streuen.

Für die Streusel das Mehl mit den Mandeln, dem Zucker und dem Salz mischen. Die Butter dazugeben und alles zwischen den Fingern zu groben Streuseln verarbeiten. Diese über die Früchte streuen und die Crumbles im heißen Backofen etwa 30 Minuten backen, bis die Streusel goldbraun sind. Herausnehmen und etwas abkühlen lassen. Je eine Himbeere in der Mitte platzieren und die Crumbles nach Belieben mit Puderzucker bestauben. Lauwarm servieren.

Für 2 Auflaufformen mit je 9 cm Ø bzw. 2 Portionen
Zubereitungszeit: 15 Minuten
Backzeit: etwa 30 Minuten

Für das Himbeer-Marzipan-Bett
120 g Himbeeren
  (frisch oder tiefgekühlt)
½ Pck. Vanillezucker
60 g Marzipan

Für die Streusel
70 g Mehl
30 g Mandeln, gemahlen
40 g brauner Zucker
1 Prise Salz
50 g weiche Butter,
  mehr für die Formen
Puderzucker (nach Belieben)

PARIS IS ALWAYS

A GOOD IDEA.

TEA-TIME-ZUCKERPLÄTZCHEN

Für 15–20 Stück

Zubereitungszeit: 35 Minuten

Kühlzeit: 60 Minuten

Backzeit: etwa 7 Minuten

Für den Teig

120 g zimmerwarme Butter

110 g Zucker

1 Prise Salz

1 Ei

200 g Mehl,
  mehr zum Verarbeiten

50 g Kakaopulver

1 EL Rum (oder Rumaroma)

Außerdem

essbare Spitze (siehe Tipp)

In einer Rührschüssel die Butter mit dem Zucker und dem Salz cremig schlagen. Das Ei dazugeben und unterrühren. Nach und nach das Mehl sowie den Kakao darübersieben, den Rum hinzufügen und alle Zutaten rasch zu einem glatten Teig verkneten. Der Teig darf nicht zu lange bearbeitet werden, da er sonst spröde und trocken wird. Zu einer Kugel formen und, in Klarsichtfolie gewickelt, für etwa 1 Stunde im Kühlschrank ruhen lassen.

Den Backofen auf 165 °C Umluft vorheizen. Ein Backblech mit Backpapier belegen. Den gekühlten Teig auf einer dünn mit Mehl bestaubten Arbeitsfläche 3–4 mm dick ausrollen und 15–20 beliebige Formen ausstechen. Auf das vorbereitete Blech legen und im heißen Backofen etwa 7 Minuten backen. Die Plätzchen herausnehmen, bevor die Ränder braun werden. Sofort vom heißen Blech gleiten und auskühlen lassen. Mit essbarer Spitze dekorieren.

Tipp

Die hier verwendete essbare Spitze ist ganz einfach herzustellen. Diverse Hersteller bieten im Internet schön gemusterte Silikonmatten nebst Zuckerpaste an. Mit dieser Paste bestreicht man die Matte. Nach dem Trocknen zieht man die Spitze ab und legt sie auf die Kekse. So entstehen im Handumdrehen wundervolle, elegante Designs, mit denen auch Torten verziert werden können.

CHOCOLATE-GLAZED-BANANACAKE

**Für 1 Gugelhupfform
mit 22 cm Ø**
Zubereitungszeit: 30 Minuten
Backzeit: etwa 50 Minuten

Für den Teig
2 Bananen
50 g Zartbitterschokolade
200 g weiche Butter,
   mehr für die Form
110 g Zucker
40 g brauner Zucker
1 Pck. Vanillezucker
3 Eier
1 Prise Salz
200 g Mehl, mehr für die Form
40 g Speisestärke
2 TL Backpulver
2 EL Milch

Außerdem
100 g Zartbitterkuvertüre
40 g Mandeln, gehackt

Den Backofen auf 175 °C Ober-/Unterhitze (oder 150 °C Um-luft) vorheizen. Die Gugelhupfform leicht fetten und mit Mehl bestauben.

Für den Teig die Bananen schälen und in kleine Stücke schneiden. Die Schokolade raspeln.

In einer Rührschüssel die Butter mit dem Zucker, dem braunen Zucker und dem Vanillezucker cremig rühren. Nach und nach die Eier und das Salz hinzufügen und untermischen. In einer weiteren Schüssel das Mehl mit der Speisestärke und dem Backpulver mischen, zur Butter-Eier-Masse geben und untermengen. Die Milch dazugeben und alles zu einem glatten Teig verrühren. Zuletzt die Bananenstücke und die Schokolade vorsichtig unter den Teig heben.

Den Teig in die Gugelhupfform geben, glatt streichen und im heißen Backofen etwa 50 Minuten backen, dann die Stäbchen-probe machen (siehe Seite 12). Den Kuchen aus dem Backofen nehmen. Nach etwa 10 Minuten vorsichtig aus der Form stürzen (siehe Seite 13) und auf einem Kuchengitter vollständig auskühlen lassen.

Für den Überzug die Kuvertüre hacken und über einem warmen Wasserbad schmelzen (siehe Seite 12). Den Kuchen damit bestreichen und mit den gehackten Mandeln bestreuen.

COFFEE-VANILLA-SHORTBREAD

Für den Teig in einer Rührschüssel die Butter mit dem Zucker, dem Vanillezucker, dem Salz und dem Instant-Kaffee cremig rühren. Das Mehl hinzufügen und alles mit den Händen rasch zu einem glatten Teig verkneten. Diesen zu einer Kugel formen und, in Klarsichtfolie gewickelt, für etwa 1 Stunde kalt stellen.

Den Backofen auf 175 °C Ober-/Unterhitze (oder 150 °C Umluft) vorheizen. Ein Backblech mit Backpapier belegen.

Den Teig auf einer leicht bemehlten Arbeitsfläche etwa 6 mm dick ausrollen. Etwa 30 Kekse in beliebigen Formen ausstechen, dabei die Teigreste immer wieder verkneten, erneut ausrollen und so fortfahren, bis der Teig aufgebraucht ist. Die Kekse auf das vorbereitete Blech legen und im heißen Backofen in 20–22 Minuten goldbraun backen. Herausnehmen und vollständig auskühlen lassen.

Die Kuvertüren separat grob hacken und über dem Wasserbad schmelzen, dann in beliebigen Mustern über die Kekse träufeln.

Für etwa 30 Stück
Zubereitungszeit: 30 Minuten
Kühlzeit: 60 Minuten
Backzeit: 20–22 Minuten

Für den Teig
115 g weiche Butter
40 g brauner Zucker
1 Pck. Vanillezucker
1 große Prise Salz
1 EL Instant-Kaffee (Granulat)
140 g Mehl, mehr zum Verarbeiten

Außerdem
je 50 g dunkle und weiße
  Kuvertüre

CRANBERRY-MOHN-KRINGEL

Für etwa 15 Stück
Zubereitungszeit: 40 Minuten
Kühlzeit: 30 Minuten
  + 30 Minuten
Backzeit: 10–12 Minuten

Für den Teig
1 Ei
50 g kalte Butter
140 g Mehl
50 g Zucker
1 Pck. Vanillezucker
1 Prise Salz

Für die Füllung
60 g getrocknete Cranberrys
125 g backfertige Mohnfüllung

Zum Wälzen und Bestreichen
Hagelzucker
1 Eigelb

Für den Teig das Ei verquirlen und jeweils die Hälfte davon in eine kleine Schüssel geben. Die Butter in grobe Stücke schneiden und in eine Rührschüssel geben. Das Mehl, den Zucker, den Vanillezucker, das Salz und eine Portion der verquirlten Eimasse hinzufügen. Mit den Händen rasch zu einem glatten Teig verkneten. Diesen zu einer Kugel formen und, in Klarsichtfolie gewickelt, für mindestens 30 Minuten kühl stellen.

Den gekühlten Teig zwischen zwei Lagen Backpapier zu einem Rechteck ausrollen. Dann das obere Backpapier entfernen.

Für die Füllung die Cranberrys mit einem scharfen Messer grob hacken und mit der Mohnfüllung und der zweiten Eiportion verrühren. Diese Mischung auf die Teigplatte streichen, dabei an der unteren Längsseite einen etwa 1 cm breiten Rand frei lassen. Den Teig mithilfe des Backpapiers von der Längsseite her aufrollen und in Hagelzucker wälzen. Die Rolle wieder auf das Backpapier legen und nochmals für etwa 30 Minuten kühl stellen.

Den Backofen auf 170 °C Umluft vorheizen. Die Teigrolle auf dem Backpapier in etwa 15 Scheiben (je etwa 1,5 cm dick) schneiden und diese mit ein wenig Abstand zueinander platzieren. Das Backpapier mitsamt den Teigscheiben auf das Blech ziehen. Das Eigelb verquirlen, die Plätzchen damit bestreichen und im heißen Backofen in 10–12 Minuten goldbraun backen.

Tipp
Für die Füllung können anstelle der Cranberrys beliebige Trockenfrüchte (auch in Alkohol eingelegte Früchte wie Rumrosinen) verwendet werden. Sehr gut eignet sich auch Kompott, vor allem aus Heidelbeeren oder Kirschen.

bunt,

sexy

lebensfroh

HIMBEER-CUPCAKES

Für 6 Muffins
Zubereitungszeit: 30 Minuten
Backzeit: 35–40 Minuten

Für den Teig

160 g Himbeeren
30 g Baisers (in gut sortierten
  Lebensmittelgeschäften
  erhältlich)
90 g weiche Butter
95 g Zucker
1 Pck. Vanillezucker
1 Ei
1 Prise Salz
75 g Mehl
½ TL Backpulver
¼ TL Natron
40 ml Mineralwasser
  mit Kohlensäure

Für das Topping

3 EL Himbeerkonfitüre
140 g weiche Butter
100 g Puderzucker

Den Backofen auf 160 °C Umluft (180 °C Ober-/Unterhitze) vorheizen und das Muffinblech mit Papierförmchen bestücken.

Die Himbeeren verlesen und sechs schöne Früchte zum Dekorieren beiseitelegen. Die Baisers in kleine Stücke brechen. Die Butter mit dem Zucker und dem Vanillezucker hellcremig aufschlagen. Das Ei und das Salz dazugeben. In einer weiteren Schüssel das Mehl mit dem Backpulver und dem Natron mischen, über den Teig sieben und unterheben. Zuletzt das Mineralwasser hinzufügen und alles zu einem glatten Teig verrühren. Die Himbeeren und die Baiserstückchen vorsichtig unterheben und die Förmchen mit dem Teig befüllen, sodass sie etwa zu drei Vierteln gefüllt sind. Im heißen Backofen auf mittlerer Schiene 35–40 Minuten backen.

Für das Topping die Konfitüre durch ein Sieb passieren. Die Butter mit dem Puderzucker schaumig schlagen, 1 EL Himbeerkonfitüre untermischen. Einen Spritzbeutel mit Sterntülle bestücken und die Buttercreme sowie die restliche Konfitüre nebeneinander (wie in einer Zahnpastatube) einfüllen. Das geht am besten, wenn man den Beutel flach auf den Tisch legt. Mit der Creme auf jeden Cupcake einen Tuff spritzen, dazu kreisförmig von außen nach innen beginnen und in der Mitte nach oben arbeiten. Die fertigen Cupcakes mit je einer Himbeere dekorieren. Bis zum Verzehr kühlen.

HIMBEER-MACARONS

Zwei Backbleche mit Backpapier belegen. Dazu auf dem Blechrand mehrere Buttertupfer verteilen, damit das Backpapier gut haftet und beim Backen nicht verrutscht. Die Mandeln mit dem Puderzucker mischen und im Mixer so fein wie möglich mahlen. Durch ein feines Sieb streichen. Die Reste nochmals mahlen und erneut durch das Sieb streichen. Das Eiweiß sehr steif schlagen, zum Schluss den Zucker einrieseln lassen und mit der Lebensmittelfarbe rosa einfärben (siehe Seite 28). Den Mandelzucker in mehreren Portionen vorsichtig unter den Eischnee heben. Die Masse in einen Spritzbeutel mit Lochtülle füllen. Auf die Backbleche mit etwas Abstand insgesamt 32 kreisrunde Tuffs mit etwa 4 cm spritzen. Bei Zimmertemperatur 25 Minuten ruhen lassen. Den Backofen auf 140 °C Umluft vorheizen.

Die Macarons etwa 12 Minuten backen. Herausnehmen und sofort samt Backpapier vom Blech auf eine kalte Fläche gleiten lassen.

Für die Füllung die Himbeeren verlesen. Die Butter mit dem Puderzucker schaumig schlagen, dann den Fruchtaufstrich löffelweise unterheben (die Buttercreme und der Fruchtaufstrich müssen die gleiche Temperatur haben!). Die Füllung in einen Spritzbeutel geben und auf der Unterseite von 16 Macarons einen Tuff spritzen. Rundherum die Himbeeren verteilen und die restlichen Macarons als Deckel aufsetzen. Nach Belieben die Oberfläche befeuchten und mit Zuckerstreuseln bestreuen.

Für 16 Stück
Zubereitungszeit: 60 Minuten
Ruhezeit: 25 Minuten
Backzeit: etwa 12 Minuten

Für die Macarons
100 g Mandeln (ohne Haut),
    gemahlen
130 g Puderzucker
2 Eiweiß
1 gehäufter EL Zucker
rosa Lebensmittelfarbe
    (Pulver oder Paste)

Für die Füllung
100 g frische Himbeeren
70 g weiche Butter
35 g Puderzucker
40 g Himbeerfruchtaufstrich

Außerdem
rosa Zuckerstreusel
    (nach Belieben)

ERDBEER-AMARETTINI-TIRAMISU

Für 6–8 Portionen
Zubereitungszeit: 20 Minuten

Für das Coulis
400 g Erdbeeren
3–4 EL Zucker
  (Menge nach Geschmack)
Saft von ½ Orange
1 EL Speisestärke

Für die Creme
500 g Mascarpone
500 g Magerquark
125 g Zucker
1 Pck. Vanillezucker

Für die Streusel
80 g Amarettini

Für den Boden
etwa 14 Löffelbiskuits
etwa 75 ml starker
  kalter Espresso

Außerdem
2 EL gehackte Pistazien

Zuerst das Coulis zubereiten. Dazu die Erdbeeren (einige schöne Erdbeeren zum Dekorieren aufbewahren) verlesen und in gleichmäßige Scheiben schneiden. Etwa 100 g Erdbeeren entnehmen (die restlichen Früchte beiseitestellen), mit dem Zucker und 2 EL Orangensaft in einen Topf geben und aufkochen. Etwa 3 Minuten köcheln, dann abkühlen lassen und pürieren. Mit der Speisestärke glatt rühren und bei ganz niedriger Temperatur etwas eindicken lassen.

Für die Creme den Mascarpone mit dem Quark, dem Zucker, dem Vanillezucker und dem restlichen Orangensaft cremig rühren.

Für die Streusel die Amarettini in einen Frischaltebeutel geben, verschließen und mit einer Teigrolle zu groben Streuseln verarbeiten.

Nun das Tiramisu schichten. Dazu den Boden einer großen Servierschale mit dicht an dicht gelegten Löffelbiskuits bedecken und diese mit der Hälfte des Espressos beträufeln. Etwas Mascarponecreme auf den Biskuits verteilen. Mit einem Teil der Amarettini-Streusel bestreuen und mit etwas Erdbeercoulis beträufeln. Einige Erdbeerscheiben darauf verteilen und ein wenig vom restlichen Espresso darüberträufeln. Das Tiramisu weiterschichten, bis alle Zutaten aufgebraucht sind; den Abschluss soll eine Cremeschicht bilden.

Das Tiramisu mit den beiseitegestellten Erdbeeren dekorieren und mit den Pistazien bestreuen. Vor dem Servieren etwa 2 Stunden zugedeckt kalt stellen.

Tipp
Das Tiramisu schmeckt auch mit frischen Himbeeren vorzüglich! Wer den Espresso weglassen möchte, kann ihn einfach durch eine größere Menge Erdbeercoulis ersetzen.

ERDBEER-RHABARBER-CHEESECAKE

Für 1 Springform mit 26 cm Ø
Zubereitungszeit: 30 Minuten
Backzeit: etwa 50 Minuten

Für den Teig
280 g Mehl, mehr für die Form
160 g kalte Butter,
  mehr für die Form
140 g Zucker
1 Ei
1 Prise Salz

Für die Fruchtfüllung
280 g Rhabarber, geschält
50 g Zucker
1 Pck. Vanillezucker
130 g Erdbeeren
3 EL Speisestärke
2 EL Erdbeersirup
1 Ei

Für die Creme
500 g Speisequark (40 % Fett)
250 g Mascarpone
140 g Zucker
1 Pck. Vanillepuddingpulver
  (zum Kochen)
abgeriebene Schale von
  ½ unbehandelten Zitrone
4 Eier

Außerdem
Puderzucker

Den Backofen auf 160 °C Umluft vorheizen. Die Springform fetten und mit Mehl bestauben.

Für den Teig das Mehl, die in Stücke geschnittene Butter, den Zucker, das Ei und das Salz in eine Schüssel geben und mit dem Knethaken oder den Händen zu Streuseln verarbeiten. Den Teig in die Form drücken. Dabei einen etwa 3 cm hohen Rand formen und darauf achten, dass er oben mit einer sauberen Kante abschließt.

Für die Fruchtfüllung den Rhabarber in etwa 2 cm lange Stücke schneiden. In einen Topf geben und mit dem Zucker und dem Vanillezucker bei niedriger Temperatur köcheln lassen. Inzwischen die Erdbeeren verlesen und in kleine Stücke schneiden. Wenn der Rhabarber zerfällt, die Erdbeeren dazugeben und alles kurz pürieren. Die Speisestärke mit dem Erdbeersirup glatt rühren, zur Rhabarber-Erdbeer-Masse hinzufügen und kurz aufkochen lassen, bis die Masse etwas eindickt. Vom Herd nehmen und etwa 5 Minuten abkühlen lassen, dann das Ei einrühren.

Für die Creme den Quark mit dem Mascarpone, dem Zucker, dem Puddingpulver und der Zitronenschale mit einem Schneebesen glatt rühren. Nach und nach die Eier untermischen.

Die Creme und die Fruchtfüllung abwechselnd auf dem Kuchenboden verteilen und mit einer Gabel marmorieren. Den Kuchen etwa 50 Minuten backen. Sollte er zu braun werden, nach etwa 30 Minuten mit etwas Alufolie abdecken. Anschließend im ausgeschalteten Backofen bei leicht geöffneter Tür 10 Minuten ruhen lassen, dann herausnehmen und vollständig auskühlen lassen. Mit einem Messer zwischen Kuchen- und Springformrand entlangfahren, damit der Kuchen beim Auskühlen nicht reißt. Mit etwas Puderzucker bestaubt, nach Belieben lauwarm oder gekühlt servieren.

Keep smiling,
because life
is a *beautiful thing*
and there's so much
to smile about.

MINI-CHEESECAKES mit Himbeermousse

Den Backofen auf 90 °C Umluft vorheizen und das Muffinblech
mit Papierförmchen bestücken.

Für den Teig die Schokolade grob hacken und über einem warmen Wasserbad schmelzen, danach etwa 10 Minuten abkühlen
lassen. Die Sahne steif schlagen. Den Frischkäse mit dem Zucker
und dem Vanillezucker cremig rühren. Das Ei untermischen,
dann die Sahne unterheben. Die Schokolade hinzufügen. Zum
Schluss das Mehl und die Speisestärke darübersieben. Alles gut
verrühren, bis eine cremige Konsistenz erreicht ist. Die Käsemasse in die Muffinförmchen füllen und im heißen Backofen
etwa 1 Stunde backen. Die Cupcakes herausnehmen (die Masse
sieht noch recht flüssig aus, wird aber beim Auskühlen fest),
etwas abkühlen lassen, dann im Kühlschrank kalt stellen.

Für das Topping die Himbeeren verlesen, sechs schöne Früchte
zum Dekorieren beiseitelegen. Die restlichen Himbeeren durch
ein Sieb passieren. Den Mascarpone mit dem Puderzucker glatt
rühren. Die Sahne steif schlagen. Das Himbeermark vorsichtig
unter die Mascarponemasse heben, dann die Sahne hinzufügen
und unterziehen. Das Topping in einen Spritzbeutel mit Loch-
oder Sterntülle füllen und jeden Cupcake mit einem Tuff Him-
beersahne und einer Himbeere dekorieren.

Für 6 Muffins
Zubereitungszeit: 60 Minuten
Backzeit: etwa 1 Stunde

Für den Teig
100 g Zartbitterschokolade
70 ml gut gekühlte Schlagsahne
200 g Doppelrahm-Frischkäse
80 g Zucker
1 Pck. Vanillezucker
1 Ei
1 EL Mehl
1 EL Speisestärke

Für das Topping
100 g frische Himbeeren
100 g Mascarpone
40 g Puderzucker
80 ml gut gekühlte Schlagsahne

HIMBEER-MASCARPONE-TORTE

Für 1 Springform mit 20 cm Ø
Zubereitungszeit: 60 Minuten
Backzeit: je Portion 15–20 Minuten

Für den Teig
4 Eier
1 Prise Salz
150 g Zucker
Mark von 1 Vanilleschote
125 g Mehl
1 gestr. TL Backpulver
80 g Mandeln, gemahlen
1–2 EL Amaretto (Mandellikör)

Für die Füllung
200 g Himbeeren
1 Pck. weißes Gelatinepulver
1 TL frischer Zitronensaft
1 Pck. Vanillezucker
500 g Mascarpone
2–3 EL Zucker
50 g Baisers (in gut sortierten
 Lebensmittelgeschäften
 erhältlich)

Außerdem
50 g Pistazien, gehackt

Den Backofen auf 160 °C Umluft vorheizen. Die Springform mit Backpapier auslegen.

Für den Teig die Eier trennen und das Eiweiß mit dem Salz steif schlagen. Dabei langsam den Zucker einrieseln lassen. Das Eigelb und das Vanillemark unterrühren. Das Mehl mit dem Backpulver mischen und darübersieben. Die Mandeln und den Likör dazugeben und alles gut verrühren. Den Teig in drei Portionen teilen und diese nacheinander 15–20 Minuten backen. Die Stäbchenprobe machen (siehe Seite 12). Die Tortenböden auskühlen lassen und bei Bedarf die Oberfläche mit einem scharfen Messer begradigen.

Für die Füllung die Himbeeren verlesen, einige schöne Früchte beiseitelegen. Die Gelatine in 5 EL kaltem Wasser quellen lassen. Die Himbeeren mit dem Zitronensaft und dem Vanillezucker pürieren. Den Mascarpone unterheben und mit dem Zucker abschmecken. Die Gelatine bei niedriger Temperatur auflösen. Etwa 3 EL der Käsemasse unterrühren, dann die Gelatinemasse unter die restliche Mascarponemasse mischen. Für etwa 15 Minuten kühl stellen, bis die Masse zu gelieren beginnt. Die Baisers in einen Frischhaltebeutel geben, verschließen und mit einer Teigrolle zerkleinern.

Zum Aufbau der Torte einen Tortenboden auf eine Tortenplatte legen, mit einem Tortenring umschließen und ein Viertel der Himbeercreme sowie die Hälfte der Baiserkrümel darauf verteilen. Einen weiteren Boden auflegen, wieder ein Viertel der Himbeercreme und die restlichen Baiserstückchen darauf verteilen und den dritten Boden auflegen. Mit einem Teller beschweren und für etwa 20 Minuten in den Kühlschrank stellen. Danach den Ring entfernen und die Torte mit der restlichen Himbeercreme locker rundum bestreichen und nach Belieben Himbeercreme-Tuffs aufspritzen. Mit den Pistazien und den frischen Himbeeren dekorieren.

SCHWEDISCHE PANCAKE-TORTE

**Für 1 geschichtete Torte
mit etwa 5 Pfannkuchen**
Zubereitungszeit: 60 Minuten
Backzeit: 5–10 Minuten

Für den Teig
3 Eier
1 Prise Salz
115 g Mehl
1 gehäuften TL Backpulver
140 ml Milch
2 EL Mineralwasser
    mit Kohlensäure
Öl für die Pfanne

Für die rosa Creme
100 g Himbeeren
2 EL Himbeersirup
etwas Vanillemark
    (oder Vanillearoma)
250 g Mascarpone
2 EL Golden Sirup (heller Sirup),
    mehr nach Geschmack

Für die weiße Creme
1 Pck. Vanillezucker
250 g Ricotta
250 g Mascarpone
80 g Zucker,
    mehr nach Geschmack
Saft von 1 unbehandelten Zitrone

Außerdem
300–400 g Himbeeren, verlesen
Puderzucker

Für den Teig die Eier trennen und das Eiweiß mit dem Salz steif schlagen. In einer weiteren Schüssel die übrigen Zutaten zu einem geschmeidigen Teig verrühren. Das Eiweiß unterheben und den Teig etwa 30 Minuten ruhen lassen. Zwei Tropfen Öl in einer Pfanne mit möglichst dickem Teflonboden erhitzen und eine Schöpfkelle Teig hineingeben. Den Pfannkuchen auf jeder Seite 1–2 Minuten backen. Auf diese Weise insgesamt fünf Pfannkuchen backen, bis der Teig aufgebraucht ist. Abkühlen lassen.

Für die rosa Creme die Himbeeren mit dem Himbeeersirup und dem Vanillemark pürieren, dann den Mascarpone und den Golden Sirup dazugeben und kurz unterheben.

Für die weiße Creme in einer großen Schüssel alle Zutaten zu einer lockeren, leichten Creme verrühren. Die rosa Creme daraufgeben, dann beide Cremes mit ein oder zwei Handbewegungen mischen, sodass eine Marmorisierung zu erkennen bleibt (beide Cremes schmecken unterschiedlich, die eine süß, die andere frisch, was hervorragend miteinander harmoniert).

Zum Aufbau der Torte einen Pfannkuchen auf eine Tortenplatte legen und etwas Creme bis zum Rand darauf verteilen. Einige Himbeeren kreisförmig darauf platzieren. Auf diese Weise fortfahren, bis alle Zutaten aufgebraucht sind. Den Abschluss soll eine Cremeschicht bilden. Die restlichen Früchte darauf aufhäufen und mit etwas Puderzucker bestauben.

Tipp
Die Torte wird in Schweden so gegessen, wie sie geschichtet wurde: Man nimmt pro Portion einfach eine Etage ab. Guten Appetit, oder wie die Schweden sagen: Smaklig måltid!

VANILLE-ORANGEN-TRÜFFEL

Die Schokolade grob hacken und mit der Sahne und der Butter über dem Wasserbad schmelzen, dabei immer wieder kurz umrühren. Den Orangensaft, die Orangenschale sowie den Likör dazugeben und untermischen. Etwas abkühlen lassen, dann den Puderzucker unterrühren.

Die Masse in einen Spritzbeutel geben und auf eine Lage Backpapier etwa zwölf kleine Tuffs spritzen. Diese zum Festwerden für 2 Stunden in den Kühlschrank stellen.

Die geraspelte Schokolade in ein Schälchen geben. Die Tuffs aus dem Kühlschrank nehmen und mit den Händen rasch zu kleinen Kugeln formen. Werden sie zu weich, nochmals kurz kühl stellen. Anschließend die Trüffel in der Schokolade wälzen und in je ein Papierförmchen setzen. Gut gekühlt servieren.

Für etwa 12 Stück
Zubereitungszeit: 30 Minuten
Kühlzeit: 2 Stunden

Für die Trüffel
220 g weiße Schokolade
20 ml Sahne
25 g Butter
Saft und abgeriebene Schale
   von ½ unbehandelten Orange
1 EL Vanillelikör
40 g Puderzucker

Außerdem
etwa 70 g weiße Schokolade,
   geraspelt

ICH HABE ZU VIEL FANTASIE,

UM EINE HAUSFRAU ZU SEIN.

NUGAT-HIMBEER-TORTE

Für 2 Springformen
mit je 18 cm Ø
Zubereitungszeit: 90 Minuten
Kühlzeit: 4 Stunden
Backzeit: 25–30 Minuten

Für den Teig

5 Eier
1 Prise Salz
125 g Zucker
Mark von 1 Vanilleschote
125 g Mehl
1 gestr. TL Backpulver
2 EL Kakaopulver
Butter und Mehl für die Formen

Für die Schoko-Nugat-Creme

400 g dunkle Schokolade
200 schnittfeste Nugatmasse
150 ml Sahne
200 g weiche Butter
70 g Puderzucker

Für die Himbeerfüllung

120 g Himbeeren
½ Pck. Gelatinepulver
200 ml gut gekühlte Schlagsahne
60 g Zucker
1 Pck. Vanillezucker
100 g Schmand

Außerdem

Puderzucker

Den Backofen auf 160 °C Umluft vorheizen. Die Springformen fetten und mit Mehl bestauben.

Für den Teig die Eier trennen. Das Eiweiß mit 2 EL kaltem Wasser und dem Salz steif schlagen. Den Zucker einrieseln lassen. Das Vanillemark sowie das Eigelb unterrühren. Das Mehl mit dem Backpulver und dem Kakao mischen, darübersieben, dann unterheben. Den Teig in die Springformen verteilen und gleichzeitig 25–30 Minuten backen. Herausnehmen und abkühlen lassen. Jeden Boden einmal waagerecht durchschneiden.

Für die Schoko-Nugat-Creme die Schokolade und das Nugat grob hacken und mit der Sahne über dem Wasserbad schmelzen (siehe Seite 12). Glatt rühren, abkühlen lassen. Die Butter mit dem Puderzucker in etwa 5 Minuten schaumig aufschlagen. Löffelweise die Nugatmasse unterheben. Etwa 2 Stunden kühlen, dann mit dem Handrührgerät schaumig aufschlagen.

Für die Himbeerfüllung die Himbeeren verlesen, einige schöne Früchte beiseitelegen. Die Gelatine in etwas kaltem Wasser quellen lassen. Die Sahne steif schlagen, nach und nach den Zucker und den Vanillezucker einrieseln lassen. Den Schmand unterrühren. Die Gelatine bei niedriger Temperatur auflösen und unter die Sahnemasse mischen. Für etwa 45 Minuten kühl stellen. Die Himbeeren unterheben.

Auf einem Tortenboden ein Drittel der Himbeerfüllung verteilen. Einen weiteren Boden auflegen und die Torte weiterschichten, bis die Füllung aufgebraucht ist und der vierte Boden obenauf liegt. Für 2 Stunden kühl stellen.

Die Schoko-Nugat-Creme aufschlagen und die Torte rundum damit bestreichen (2–3 EL beiseitestellen). Die restliche Creme in kleinen Tuffs aufspritzen. Mit Himbeeren und Puderzucker dekorieren.

VALENTINE'S HERZ-BERLINER

Alle Zutaten für den Teig müssen Zimmertemperatur haben. In einer großen Rührschüssel die Milch mit der Buttermilch, der Hefe, dem Zucker, dem Vanillezucker und 2 EL lauwarmem Wasser mischen und für 15 Minuten stehen lassen. Das Mehl, die Butter, die Eier und das Salz dazugeben. Mit den Knethaken des Rührgeräts zu einem geschmeidigen Teig verkneten. Sollte der Teig zu klebrig sein, noch etwas Mehl unterkneten. Den Teig zu einer Kugel formen und in einer leicht geölten Rührschüssel, mit einem sauberen Geschirrtuch abgedeckt, an einem warmen Ort etwa 1 Stunde gehen lassen, bis sich sein Volumen verdoppelt hat.

Den Teig auf leicht bemehlter Fläche ausrollen und mit einer leicht bemehlten Herz-Ausstechform 16–20 Herzen ausstechen. (Dabei Teigreste zusammenfassen und erneut ausrollen.)

Die Hälfte der Herzen mit etwas Abstand zueinander auf eine Lage leicht bemehltes Backpapier setzen. Je etwa 1 TL Konfitüre in die Mitte geben, die Ränder mit etwas Milch bestreichen und ein zweites Herz darauflegen. Die Ränder andrücken. Erneut mit einem Küchentuch abdecken und an einem warmen Ort 30 Minuten gehen lassen.

In einem großen Topf das Öl auf etwa 170 °C erhitzen. Die Temperatur entweder mit einem Küchenthermometer prüfen oder einen Holzlöffelstiel ins heiße Fett stecken – wenn kleine Blasen aufsteigen, stimmt die Temperatur.

Die Herz-Berliner portionsweise von beiden Seiten ausbacken, bis sie goldbraun sind. Herausnehmen und auf Küchenpapier abtropfen lassen, dann im Zucker wälzen.

Für 8–10 Stück
Zubereitungszeit: 50 Minuten
Ruhezeit: 60 Minuten
  + 30 Minuten
Backzeit: etwa 10 Minuten

Für den Teig
125 ml Milch
125 ml Buttermilch
1 Pck. Trockenhefe
80 g Zucker
1 Pck. Vanillezucker
600 g Mehl, mehr nach Bedarf
  und zum Verarbeiten
100 g weiche Butter
2–3 Eier (je nach Größe)
¼ TL Salz

Außerdem
etwa ½ Glas Erdbeerkonfitüre
Milch zum Bestreichen
1 l neutrales Öl zum Frittieren
Zucker zum Wälzen

KOKOSMAKRÖNCHEN mit Fruchtnest

Den Backofen auf 125 °C Umluft vorheizen. Ein Backblech mit Backpapier belegen.

Für den Teig das Eiweiß steif schlagen, dabei nach und nach den Zucker einrieseln lassen. Weiterschlagen, bis sich die Masse vom Boden löst und schön glänzt. Den Zitronensaft untermischen, dann die Kokosraspel unterheben. Mithilfe von 2 EL oder eines Eisportionierers acht gleich große Häufchen mit etwas Abstand zueinander auf das Blech setzen, flach drücken und mit einem Löffel in der Mitte eine Mulde drücken. Etwa 25 Minuten backen. Dann den Backofen ausschalten, die Tür einen Spalt öffnen und die Makronen im Backofen weitere 20 Minuten trocknen lassen. Herausnehmen und vollständig auskühlen lassen.

Für den Überzug die Kuvertüre hacken und mit dem Kokosfett über dem Wasserbad schmelzen. Die Unterseite der Makronen etwa 5 mm hoch in die Schokolade eintauchen, gut abtropfen lassen. Kopfüber auf einem Kuchengitter trocknen lassen.

Für den Belag etwa 100 g Beeren klein schneiden (die restlichen Früchte beiseitelegen) und mit dem Zucker und dem Zitronensaft in einem Topf vermengen. Die Speisestärke in 2 EL Wasser glatt rühren und über die Früchte gießen, alles kurz aufkochen lassen, dann etwa 3 Minuten bei niedriger Temperatur eindicken lassen. Abkühlen lassen. Die Sahne mit dem Vanillezucker steif schlagen und auf den Makronen verteilen. Je einen Klecks des Beerenkompotts mittig daraufgeben und rundherum mit den frischen Beeren und etwas Minze dekorieren.

Für 8 Stück
Zubereitungszeit: 45 Minuten
Backzeit: etwa 25 Minuten

Für den Teig
2 Eiweiß
110 g Zucker
1 TL frischer Zitronensaft
120 g Kokosraspel

Für den Überzug
120 g Zartbitterkuvertüre
1 TL Kokosfett

Für den Belag
350 g gemischte Beeren, verlesen
2 EL Zucker
1 Spritzer frischer Zitronensaft
1 EL Speisestärke
200 ml gut gekühlte Schlagsahne
1 Pck. Vanillezucker

Außerdem
frische Minzeblätter

RED-BERRY-PAVLOVA

**Für 1 dreistöckige Torte
mit etwa 16 cm Ø**
Zubereitungszeit: 60 Minuten
Backzeit: 2 Stunden

Für den Teig
420 g Puderzucker
40 g Speisestärke
½ TL Weinstein-Backpulver
8 Eiweiß
1 Prise Salz
1 EL Weißweinessig

Für die Creme
250 g Mascarpone
40 g Zucker
Saft von ½ Zitrone
200 ml gut gekühlte Schlagsahne
2 EL Erdbeerkonfitüre

Für die Red-Berry-Grütze
400 g Erdbeeren oder Himbeeren,
  verlesen
30 g Zucker
50 ml Orangensaft
1 EL Speisestärke

Außerdem
2 EL Mandelblättchen

Den Backofen auf 130 °C Umluft vorheizen. Auf eine Lage Backpapier drei Kreise à etwa 16 cm Ø malen. Das Backpapier wenden (die vorgezeichneten Kreise sollen noch durchschimmern) und auf ein Backblech legen.

Für den Teig den Puderzucker, die Stärke und das Backpulver mischen und sieben. Das Eiweiß mit dem Salz steif schlagen. Nach und nach die Puderzucker-Stärke-Mischung einrühren. Sehr steif aufschlagen. Zum Schluss den Essig unterrühren. So lange schlagen, bis sich feste Spitzen bilden und der Eischnee glänzt. Der Zucker soll sich vollständig aufgelöst haben – zur Probe etwas Masse zwischen den Fingerkuppen verstreichen.

Den Teig auf die Kreise auf das Backpapier geben und passgenau verstreichen. Etwa 20 Minuten backen, die Temperatur auf 80 °C Umluft reduzieren und weitere 100 Minuten trocknen lassen. Die Baiserböden vollständig auskühlen lassen, dann erst herausnehmen.

Für die Creme den Mascarpone mit dem Zucker und dem Zitronensaft glatt rühren. Die Sahne steif schlagen und untermischen. Die Konfitüre locker unterheben.

Nun die Dekoration vorbereiten. Dazu die Mandeln ohne Fett in einer Pfanne anrösten, dann abkühlen lassen.

Für die Red-Berry-Grütze die Beeren zerkleinern, in einen Topf geben und mit dem Zucker und dem Orangensaft aufkochen. Die Speisestärke mit 2 EL kaltem Wasser glatt rühren, dazugeben und die Grütze bei niedriger Temperatur unter Rühren etwa 3 Minuten eindicken lassen. Abkühlen lassen.

Auf jeden der drei Böden ein Drittel der Mascarponecreme und ein Drittel der Fruchtgrütze geben, dann die Torte zusammensetzen. Mit den gerösteten Mandeln bestreuen. Kühl stellen.

I JUST WANT

TO BE WONDERFUL.

SCHWARZWÄLDER-KIRSCH-CUPCAKES

Den Backofen auf 160 °C Umluft vorheizen und ein Muffin-blech mit Papierförmchen bestücken.

Für den Teig die Schokolade grob hacken und mit der Butter über dem Wasserbad schmelzen (siehe Seite 12), dann etwas ab-kühlen lassen. Den Zucker mit dem Vanillezucker, den Eiern und dem Salz schaumig rühren. Die Schoko-Butter-Masse untermischen. Das Mehl mit dem Backpulver mischen, darüber-sieben und unterheben. Den Teig in die Papierförmchen füllen, sodass sie etwa zu drei Vierteln gefüllt sind. Auf mittlerer Schiene 20–25 Minuten backen, dann herausnehmen. Nach Be-lieben mehrmals mit einem Holzspieß einstechen und das Kirschwasser in die Löcher träufeln. Auskühlen lassen.

Für das Topping die Schokolade mit dem Kokosfett über dem Wasserbad schmelzen, dann etwas abkühlen lassen. Den Mas-carpone mit dem Zucker und dem Zitronensaft glatt rühren. Die Sahne sehr steif schlagen und vorsichtig unter die Mascar-ponemasse heben. In einen Spritzbeutel mit Sterntülle füllen und auf die Cupcakes auftragen. Die Spitze der Creme in die ge-schmolzene Schokolade tauchen oder diese mit einem Löffel darüberträufeln. Die Cupcakes mit je einer Kirsche und nach Belieben mit Zuckerstreuseln dekorieren. Für einige Minuten zum Festwerden in den Kühlschrank stellen.

Für 12 Muffins
Zubereitungszeit: 40 Minuten
Backzeit: 20–25 Minuten

Für den Teig
140 g Zartbitterschokolade
120 g Butter
140 g Zucker
1 Pck. Vanillezucker
3 Eier
1 Prise Salz
180 g Mehl
1 TL Backpulver
Kirschwasser (nach Belieben)

Für das Topping
70 g Zartbitterkuvertüre
½ TL Kokosfett
   (oder 3 Tropfen Öl)
250 g Mascarpone
70 g Zucker
1 Spritzer frischer Zitronensaft
150 ml gut gekühlte Schlagsahne
12 Cocktailkirschen
   (oder frische Kirschen)
bunte Zuckerstreusel
   (nach Belieben)

CRANBERRY-MANDEL-WEDGES

Für 1 Tarteform mit 28 cm Ø
Zubereitungszeit: 30 Minuten
Kühlzeit: 30 Minuten
   + 20 Minuten
Backzeit: etwa 40 Minuten

Für den Teig
140 g Mehl, mehr für die Form
   und zum Verarbeiten
80 g Butter, mehr für die Form
1 TL Backpulver
30 g Zucker
1 Ei
1 Prise Salz

Für die Füllung
2 Eier
70 g Zucker
Mark von 1 Vanilleschote
200 ml Sahne
1 EL Speisestärke
70 g getrocknete Cranberrys
20 g Mandelblättchen

Die Tarteform fetten und mit Mehl bestauben.

Für den Teig das Mehl mit den übrigen Zutaten rasch zu einem geschmeidigen Teig verkneten. Diesen zu einer Kugel formen und, in Klarsichtfolie gewickelt, für mindestens 30 Minuten kalt stellen. Dann auf leicht bemehlter Arbeitsfläche rund ausrollen. Den Teig in die Tarteform drücken und den am Rand überstehenden Teig abschneiden. Den Boden mehrmals mit einer Gabel einstechen und den Teig für weitere 20 Minuten kalt stellen.

Den Backofen auf 160 °C Umluft (oder 180 °C Ober-/Unterhitze) vorheizen.

Den gekühlten Teig mit zurechtgeschnittenem Backpapier belegen und mit getrockneten Hülsenfrüchten beschweren. Etwa 20 Minuten blindbacken, 5 Minuten vor Ende der Backzeit das Backpapier und die Hülsenfrüchte entfernen.

Für die Füllung die Eier mit dem Zucker und dem Vanillemark schaumig schlagen. Von der Sahne 4 EL abnehmen und damit die Speisestärke glatt rühren, dann die angerührte Stärke zusammen mit der restlichen Sahne zur Eiermasse geben und unterrühren.

Die Tarte kurz aus dem Backofen nehmen und die Füllung darauf verteilen. Mit den Cranberrys bestreuen. Etwa 20 Minuten weiterbacken, 5 Minuten vor Backende mit den Mandeln bestreuen. Auf einem Kuchengitter abkühlen lassen und bereits vor dem Servieren in Stücke (Wedges) schneiden.

MARZIPANSOUFFLÉ mit Granatapfelsauce

Den Backofen auf 200 °C Ober-/Unterhitze vorheizen. Die Förmchen fetten und mit Zucker ausstreuen.

Für das Soufflé die Eier trennen, dabei je 1 Eiweiß in eine separate Schüssel geben. Das geraspelte Marzipan mit einem Eiweiß vermischen. Die Milch aufkochen, etwas abkühlen lassen. In einem zweiten Topf die Butter schmelzen, das Mehl einrühren und sofort mit der lauwarmen Milch ablöschen. Klümpchenfrei verrühren und bei niedriger Temperatur 1–2 Minuten eindicken lassen. Vom Herd nehmen und nach etwa 3 Minuten das Eigelb dazugeben. Das mit dem Eiweiß vermischte Marzipan, die Mandeln und den Likör unterrühren, abkühlen lassen. Das zweite Eiweiß mit dem Salz steif schlagen, zum Schluss den Zucker einrieseln lassen. Den Eischnee vorsichtig unter die Marzipanmasse heben, dann in die vorbereiteten Förmchen füllen.

Die Förmchen in ein tiefes, 2–3 cm hoch mit Wasser gefülltes Backblech setzen. Im heißen Backofen 25–30 Minuten backen, währenddessen die Backofentür nicht öffnen, da das Soufflé sonst zusammenfällt. Perfekt ist es, wenn es auf die doppelte Größe anwächst. Dann herausnehmen und stürzen.

Für die Sauce den Granatapfel halbieren, die Kerne vorsichtig herauslösen, den Saft dabei auffangen. Etwa 1 EL Kerne beiseitestellen. Die restlichen Kerne mit einem Mörser oder Stampfer drücken, damit sich der Saft löst. Dann durch ein Sieb streichen, den Saft auffangen.

Die Speisestärke mit den 100 ml Saft glatt rühren. Den braunen Zucker in einem Topf mit dickem Boden schmelzen, mit dem ausgepressten Saft ablöschen und etwas einkochen lassen. Die angerührte Speisestärke dazugeben, eindicken lassen. Nach Geschmack mit Grenadine verfeinern. Zum Schluss die Granatapfelkerne hinzufügen. Die Soufflés mit der abgekühlten Sauce beträufeln.

Für 4 feuerfeste Förmchen
oder Tassen mit je 150 ml Inhalt
Zubereitungszeit: 25 Minuten
Backzeit: 25–30 Minuten

Für das Soufflé
2 Eier
30 g Marzipanrohmasse,
   geraspelt
120 ml Milch
30 g Butter,
   mehr für die Förmchen
25 g Mehl
25 g Mandeln, gemahlen
1 EL Mandellikör
   (oder Mandelsirup)
1 Prise Salz
1 EL Zucker,
   mehr für die Förmchen

Für das Granatapfelsauce
1 Granatapfel
1 EL Speisestärke
100 ml Granatapfelsaft
2 EL brauner Zucker
etwa 1 EL Grenadine
   (Granatapfelsirup),
   Menge nach Geschmack

Waldbeer-Mascarpone-SCHICHTKUCHEN

Für 1 Springform mit 18 cm Ø
Zubereitungszeit: 90 Minuten
Backzeit: je Boden 12–15 Minuten

Für den Teig
4 Eier
1 Prise Salz
110 g Zucker
1 Pck. Vanillezucker
120 g Mehl
40 g Speisestärke
2 TL Backpulver
1 TL gemahlener Zimt

Für die Füllung
300 g gemischte Waldbeeren
5 Blatt weiße Gelatine
Saft und abgeriebene Schale
  von 1 unbehandelten Orange
160 g Zucker
1 Pck. Vanillezucker
500 g Mascarpone
300 ml gut gekühlte Schlagsahne
2 EL Orangenlikör

Außerdem
Puderzucker

Den Backofen auf 175 °C Ober-/Unterhitze (oder 150 °C Umluft) vorheizen. Den Boden der Springform mit Backpapier belegen.

Für den Teig die Eier trennen. Das Eiweiß mit 3 EL kaltem Wasser und dem Salz steif schlagen, dabei den Zucker und den Vanillezucker einrieseln lassen. Nach und nach das Eigelb unterrühren. In einer weiteren Schüssel das Mehl, die Stärke, das Backpulver und den Zimt mischen, darübersieben und vorsichtig unterheben. Nun ein Viertel der Biskuitmasse in die Form geben, glatt streichen und 12–15 Minuten backen. Herausnehmen und aus der Springform lösen. Aus dem restlichen Teig auf diese Weise weitere drei Böden backen. Die Springform bei Bedarf zwischendurch säubern. Alle Böden auskühlen lassen.

Für die Füllung die Waldbeeren verlesen und etwa 50 g zum Dekorieren beiseitelegen. Die Gelatine in kaltem Wasser einweichen. Vom Orangensaft 70 ml abmessen und zusammen mit der Schale, dem Zucker und Vanillezucker in einem Topf aufkochen. Die Gelatine ausdrücken und in der Orangensaftmischung unter Rühren auflösen. Etwa 4 EL Mascarpone einrühren, damit sich keine Klümpchen bilden. Die Gelatinemasse in eine große Schüssel geben und mit dem restlichen Mascarpone vermengen. Die Sahne sehr steif schlagen und vorsichtig unterheben. Zuletzt den Likör unterrühren.

Die Torte aufschichten. Dazu einen Boden mit etwas Creme bestreichen und einige Beeren darauf verteilen. Abwechselnd Böden, Creme und Beeren aufeinanderschichten, bis alle Zutaten aufgebraucht sind. Mit einer Schicht Creme abschließen und diese mit den restlichen Früchten dekorieren. Mit einem Hauch Puderzucker bestauben.

AFTER-EIGHT-CUPCAKES

Für 9 Stück
Zubereitungszeit: 40 Minuten
Backzeit: 20–25 Minuten

Für den Teig
120 g Zartbitterschokolade
120 g Butter
2 Eier
110 g Zucker
1 Pck. Vanillezucker
1 Prise Salz
140 g Mehl
½ TL Backpulver
½ TL Natron

Für das Topping
120 g weiche Butter
140 g Puderzucker
120 g Frischkäse
3–5 Tropfen Minzöl,
    Menge nach Geschmack
grüne Lebensmittelfarbe
    (Gelfarbe aus der Tube)
Schokoladenstäbchen
    mit Minzgeschmack
Schokoladensauce

Den Backofen auf 160 °C Umluft (oder 180 °C Ober-/Unterhitze) vorheizen. Ein Muffinblech mit neun Papierförmchen bestücken.

Für den Teig die Schokolade grob hacken und mit der Butter über dem Wasserbad schmelzen, dann etwas abkühlen lassen. Die Eier mit dem Zucker, dem Vanillezucker und dem Salz verrühren. In einer weiteren Schüssel das Mehl mit dem Backpulver und dem Natron mischen, über die Eiermasse sieben und locker unterheben. Die etwas abgekühlte Schokomasse dazugeben. Den Teig in die Förmchen geben, sodass sie etwa zu drei Vierteln gefüllt sind, und 20–25 Minuten backen. Auskühlen lassen

Für das Topping die Butter mit dem Puderzucker zu einer weißlichen, schaumigen Creme aufschlagen, dann den Frischkäse und das Minzöl hinzufügen. Die Masse mit der Lebensmittelfarbe einfärben (siehe Tipp). Die grüne Buttercreme in einen Spritzbeutel mit Sterntülle geben und auf die Cupcakes spritzen. Mit den Schokostäbchen und etwas Schokoladensauce dekorieren.

Tipp
Da Lebensmittelfarbe sehr intensiv ist, genügt schon eine kleine Menge, um den hellgrünen Effekt zu erzielen. Entnehmen Sie am besten die Farbe mithilfe eines Zahnstochers und tasten Sie sich nach und nach an den gewünschten Farbeffekt heran.

anspruchs-
voll,
damen-
haft

glamourös

CAPPUCCINO-MOUSSE-TÖRTCHEN

Den Backofen auf 160 °C Umluft vorheizen. Ein Backblech mit Backpapier belegen.

Für den Biskuit die Eier trennen. Das Eiweiß mit 2 EL kaltem Wasser und dem Salz steif schlagen. Den Zucker einrieseln lassen, das verquirlte Eigelb und den Vanillezucker unterrühren. Das Mehl mit dem Backpulver und dem Kakao mischen, über die Eiermasse sieben und unterheben. Den Teig auf dem Blech glatt streichen und etwa 20 Minuten backen. Abkühlen lassen. Mit einem Tortenring 6–8 Kreise ausstechen. Je einen Kreis in einen Tortenring einlegen.

Nun die Cappuccino- und Vanillecreme zubereiten. Dazu das Espressopulver in 40 ml heißem Wasser auflösen, dann abkühlen lassen. Den Frischkäse und den Puderzucker cremig rühren. Die Sahne steif schlagen und portionsweise unterheben. Die Gelatine nach Packungsanleitung quellen lassen und auflösen. Ein paar Löffel der Frischkäsemasse unter die Gelatine mischen, dann die Gelatinemischung zügig unter die restliche Frischkäsemasse rühren. Die Masse in zwei Portionen teilen. Eine Portion mit dem Espresso, die andere mit dem Vanillemark mischen.

Erst die Cappuccinocreme, dann die Vanillecreme auf die Schokobiskuits geben und glatt streichen. Mindestens 3 Stunden, besser über Nacht, kühlen.

Vor dem Servieren mit Schokoladenformen dekorieren (siehe Seite 10).

Für 6–8 Tortenringe
mit 5 cm Ø
Zubereitungszeit: 60 Minuten
Backzeit: etwa 20 Minuten
Kühlzeit: mind. 3 Stunden

Für den Biskuit
3 Eier
1 Prise Salz
60 g Zucker
1 Pck. Vanillezucker
70 g Mehl
1 gestr. TL Backpulver
1 EL Kakaopulver

**Für die Cappuccino-
und Vanillecreme**
2 Portionssticks Typ Espresso
400 g Frischkäse
90 g Puderzucker
200 ml gut gekühlte Schlagsahne
¾ Pck. Gelatinepulver
Mark von ½ Vanilleschote
  (oder 1 EL Vanillelikör)

Außerdem
50 g dunkle Kuvertüre

EIERLIKÖR-SCHOKO-TORTE

Für 1 Springform mit 18 cm Ø
Zubereitungszeit: 60 Minuten
Backzeit: 1 Stunde 20 Minuten

Für den dunklen Teig
4 Eier | 150 g Zucker
1 Pck. Vanillezucker
150 g weiche Butter,
  mehr für die Form
140 g Mehl, mehr für die Form
70 g Kakaopulver
2 TL Backpulver
4 EL Milch | 3 EL Baileys
1 Prise Salz

Für den hellen Teig
100 g weiche Butter
160 g Zucker
1 TL Vanilleextrakt
1 Pck. Vanillezucker
2 Eier | 180 g Mehl
2 TL Backpulver | 125 ml Milch

Für die Buttercreme
430 ml Milch
½ Pck. Schokoladenpuddingpulver
70 ml Eierlikör
½ Pck. Vanillepuddingpulver
2–4 EL Zucker
250 g weiche Butter
220 g Puderzucker

Außerdem
je 50 g dunkle und weiße Kuvertüre
1 Packung Pralinen

Den Backofen auf 180 °C Umluft vorheizen. Die Springform fetten und leicht mit Mehl bestauben.

Für den dunklen Teig die Eier trennen. Das Eigelb mit dem Zucker, dem Vanillezucker und der Butter cremig rühren. Das Mehl mit dem Kakao und dem Backpulver mischen, dann abwechselnd mit der Milch und dem Baileys unter die Eigelbmasse rühren. Das Eiweiß mit dem Salz steif schlagen und unter den Teig heben. In die Springform geben und etwa 45 Minuten backen.

Für den hellen Teig die Butter mit dem Zucker, dem Vanilleextrakt und dem Vanillezucker cremig rühren. Die Eier nach und nach dazugeben. Das Mehl mit dem Backpulver mischen und abwechselnd mit der Milch unterrühren. Den Teig in die erneut vorbereitete Form geben und bei 160 °C Umluft etwa 35 Minuten backen. Den dunklen und den hellen Boden auskühlen lassen, dann je einmal waagerecht durchschneiden.

Für die Buttercreme in einem Topf 250 ml Milch zum Kochen bringen und damit nach Packungsanweisung einen Schokopudding zubereiten. In einem zweiten Topf die restliche Milch und den Eierlikör aufkochen und mit dem Vanillepuddingpulver glatt rühren. Je 1–2 EL Zucker dazugeben, in Schüsseln umfüllen und je etwas Klarsichtfolie direkt auf die Oberfläche legen. Zimmerwarm abkühlen lassen, dabei immer wieder umrühren.

Die Butter mit dem Puderzucker kräftig aufschlagen und je die Hälfte löffelweise unter die beiden Puddings heben. Die beiden Cremes in eine Schüssel geben und locker marmorieren.

Einen Schokoboden mit etwas Buttercreme bestreichen, einen hellen Boden auflegen und die Torte weiter mit Buttercreme, dem dunklen und dem hellen Biskuit schichten. Rundum mit der restlichen Buttercreme bestreichen. Mit den geraspelten Kuvertüren bestreuen. Mit den Pralinen dekorieren.

NUGAT-MARZIPAN-BÄLLCHEN

Für den Teig das Eiweiß steif schlagen. Den Nugat in kleine Stücke schneiden und mit dem Mehl, den Mandeln und dem Backpulver mischen. Die grob gewürfelte Butter, den Vanillezucker und den Eischnee unterheben. Der Teig ist zunächst sehr krümelig, erhält aber beim Bearbeiten eine sehr geschmeidige Konsistenz. Den Teig zu einer länglichen Rolle formen und, in etwas Klarsichtfolie gewickelt, für etwa 1 Stunde kalt stellen.

Den Backofen auf 160 °C Umluft vorheizen. Ein Backblech mit Backpapier belegen.

Für die Füllung das Marzipan in 15–20 Portionen teilen und diese zu Kugeln formen. Die Teigrolle in ebenso viele Portionen teilen und in der Hand rund formen, dann ein Loch in die Mitte drücken. Jeweils eine Marzipankugel hineinlegen, mit etwas Teig umschließen und zwischen den Handflächen erneut zu einer Kugel rollen.

Auf das Blech legen und im heißen Backofen etwa 10 Minuten backen. Danach sofort vom Backblech gleiten und auskühlen lassen.

Die Kuvertüre über dem Wasserbad schmelzen (siehe Seite 12) und die Bällchen damit beträufeln. Mit den Schokoraspeln dekorieren.

Tipp
Auch gehackte Nüsse, Zuckerperlen oder einfach nur Puderzucker eignen sich gut zum Dekorieren.

Für 15–20 Stück
Zubereitungszeit: 30 Minuten
Ruhezeit: 60 Minuten
Backzeit: etwa 10 Minuten

Für den Teig
1 Eiweiß
125 g Nugat
100 g Mehl
50 g Mandeln, gemahlen
½ TL Backpulver
50 g Butter
1 Pck. Vanillezucker

Für die Füllung
100 g Marzipan

Außerdem
80 g weiße Kuvertüre
dunkle Schokoladenraspel

CHEESECAKE-BROWNIES

Den Backofen auf 150 °C Umluft vorheizen. Die Backform mit nassem Backpapier auslegen (siehe Seite 11).

Für den Teig die Schokolade grob hacken und mit der Butter über dem Wasserbad schmelzen (siehe Seite 12). Etwa 5 Minuten abkühlen lassen, dann den Vanillezucker einrühren. Die Eier trennen. Das Eiweiß mit dem Salz steif schlagen. Das Eigelb mit dem Zucker verrühren; erst die flüssige Schokobutter löffelweise unterrühren, dann das Mehl einarbeiten. Zuletzt den Eischnee unterheben. Den Teig in die vorbereitete Form geben und glatt streichen.

Für die Cheesecake-Masse die Himbeeren verlesen, einige schöne Früchte zum Dekorieren beiseitelegen. In einer Schüssel den Frischkäse mit dem Ei glatt rühren, dann den Zucker und den Zitronensaft dazugeben. Die Speisestärke mit 3 EL der Frischkäsemasse glatt rühren, dann zur restlichen Frischkäsemasse hinzufügen und unterrühren. Zuletzt die Himbeeren unterheben.

Die Cheesecake-Masse auf dem Brownieteig verteilen und beides mit einer Gabel marmorieren. Den Kuchen im heißen Backofen auf unterster Schiene etwa 25 Minuten backen. Bei der Stäbchenprobe sollte noch etwas Teig am Holzstäbchen haften, damit die Brownies ihre typische, leicht feuchte Konsistenz behalten.

Die Brownies abkühlen lassen, mit den restlichen Himbeeren dekorieren und mit etwas Puderzucker bestauben.

Für 1 Backform mit 23 x 20 cm
Zubereitungszeit: 25 Minuten
Backzeit: etwa 25 Minuten

Für den Teig
150 g Zartbitterschokolade
125 g Butter
1 Pck. Vanillezucker
3 Eier
1 Prise Salz
110 g Zucker
50 g Mehl

Für die Cheesecake-Masse
125 g Himbeeren
200 g Frischkäse
1 Ei
3 EL Zucker
1 Spritzer frischer Zitronensaft
1 EL Speisestärke

Außerdem
Puderzucker

TRICOLORE-ANGEL-CAKE

Für 1 Gugelhupfform
mit 24 cm Ø
Zubereitungszeit: 45 Minuten
Backzeit: 40–45 Minuten

Für den Orangenteig

100 g weiche Butter,
  mehr für die Form
70 g Zucker
1 unbehandelte Orange
4 Eigelb
150 g Mehl, mehr für die Form
30 g Speisestärke
½ TL Backpulver | 1 Prise Salz
80 ml Orangensaft
2 EL Mineralwasser

Für den Zitronenteig

125 g weiche Butter
80 g Zucker
1 unbehandelte Zitrone
1 Prise Salz | 2 Eier
100 g Mehl | 25 g Speisestärke
1 gestr. TL Backpulver
2 EL Mineralwasser

Für den Vanilleteig

4 Eiweiß | 1 Prise Salz
160 g Zucker | 1 Pck. Vanillezucker
220 g Mehl | 1 TL Backpulver
Mark von 1 Vanilleschote

Für den Guss

150 g Puderzucker
2 EL frischer Zitronensaft

Den Backofen auf 160 °C Umluft (oder 180 °C Ober-/Unterhitze) vorheizen. Die Gugelhupfform fetten und leicht mit Mehl bestauben.

Für den Orangenteig die Butter mit dem Zucker und der abgeriebenen Orangenschale cremig aufschlagen. Nach und nach das Eigelb unterrühren. Das Mehl mit der Speisestärke, dem Backpulver und dem Salz mischen und abwechselnd mit dem Orangensaft und dem Mineralwasser unter den Teig mengen.

Für den Zitronenteig die Butter mit dem Zucker, dem Saft und der abgeriebenen Zitronenschale und dem Salz cremig aufschlagen. Die Eier nach und nach unterrühren. Das Mehl mit der Stärke und dem Backpulver mischen und abwechselnd mit dem Mineralwasser rasch unter den Teig mengen.

Für den Vanilleteig das Eiweiß mit dem Salz steif schlagen, dabei den Zucker und den Vanillezucker einrieseln lassen. Den Eischnee weiterschlagen, bis die Masse Spitzen zieht. Das Mehl mit dem Backpulver mischen und darübersieben. Das Vanillemark hinzufügen und alles unter den Teig heben.

Zuerst den Orangenteig, dann den Zitronenteig und zuletzt den Vanilleteig in die Form geben und 40–45 Minuten backen. Die Stäbchenprobe machen (siehe Seite 12). Abkühlen lassen und aus der Form stürzen (siehe Seite 13).

Für den Guss den Puderzucker mit dem Zitronensaft und so viel kaltem Wasser glatt rühren, dass eine dickflüssige Masse entsteht. Den Kuchen damit überziehen.

Tipp

Wer die unterschiedlichen Teige optisch besonders hervorheben möchte, kann den Orangen- bzw. Zitronenteig mit Lebensmittelfarben intensiv orangefarben und zitronengelb einfärben.

Peanutbutter-KARAMELL-CUPCAKES

Für 6 Muffins

Zubereitungszeit: 35 Minuten

Backzeit: etwa 15 Minuten

Für den Teig

50 g weiche Butter

70 g Zucker

1 Pck. Vanillezucker

1 Prise Salz

1 Ei

2–3 EL Erdnussbutter (crunchy)

120 g Mehl

1 TL Backpulver

2 EL Milch

Für das Topping

200 g Mascarpone

50 g Frischkäse

4 EL Erdnussbutter

30 g Puderzucker

Für die Karamellsauce

120 g weißer Zucker

1 EL Butter

80 ml Sahne

Außerdem

2 EL gesalzene Erdnüsse

Den Backofen auf 200 °C Ober-/Unterhitze (oder 180 °C Umluft) vorheizen. Das Muffinblech mit Papierförmchen bestücken.

Für den Teig die Butter mit dem Zucker, dem Vanillezucker und dem Salz schaumig schlagen, dann das Ei und die Erdnussbutter dazugeben. Das Mehl mit dem Backpulver mischen und unterheben. Zuletzt die Milch hinzufügen und alles zu einem glatten, relativ festen Teig verrühren. Den Teig in die Förmchen geben, sodass diese zu drei Vierteln gefüllt sind, und auf mittlerer Schiene etwa 15 Minuten backen, bis die Oberfläche goldbraun ist. Die Stäbchenprobe machen (siehe Seite 12). Auskühlen lassen.

Für das Topping den Mascarpone mit dem Frischkäse vermengen, dann die Erdnussbutter und den Puderzucker hinzufügen und alles zu einer glatten Creme verrühren. In einen Spritzbeutel mit beliebiger Tülle geben und auf die Cupcakes aufspritzen. Dazu, am äußeren Rand beginnend, kreisförmig nach innen arbeiten und dabei in die Höhe gehen.

Für die Karamellsauce den Zucker mit der Butter in einem Topf mit dickem Boden schmelzen und goldbraun karamellisieren. Vom Herd nehmen und die Sahne unterrühren. Etwas abkühlen lassen, dann über die Cupcakes träufeln. Mit den gesalzenen Erdnüssen bestreuen.

BIRNEN-KROKANT-STRUDEL

Den Backofen auf 175 °C Umluft vorheizen. Ein Backblech mit Backpapier belegen. Den Strudelteig etwa 10 Minuten bei Zimmertemperatur ruhen lassen.

Für die Füllung die Birnen schälen, entkernen und in grobe Spalten schneiden. Mit dem Zitronensaft beträufeln. Den Vanillezucker, den Zucker und die Zitronenschale darüberstreuen.

Das Ei trennen. Das Marzipan in kleine Stücke schneiden und mit dem Eigelb und dem Krokant vermengen. Das Eiweiß mit dem Salz steif schlagen. Die Marzipanmasse und den Eischnee locker unter die Birnen heben.

Den Teig auf einem Küchentuch ausbreiten. Die Butter schmelzen und den Teig damit dünn bestreichen, die Mandeln darüberstreuen. Die Füllung mittig darauf verteilen. Den Strudelteig links und rechts ein wenig einschlagen, dann mithilfe des Küchentuchs aufrollen. Mit der Naht nach unten auf das Backblech gleiten lassen. Den Strudel mit der restlichen Butter bestreichen und im heißen Backofen 35–40 Minuten backen. Abkühlen lassen.

Mit Puderzucker und Krokant bestreuen, in Stücke schneiden und noch lauwarm servieren. Nach Belieben eine Kugel Vanilleeis oder Vanillesauce dazureichen.

Für 1 Strudel bzw. 4 Portionen
Zubereitungszeit: 35 Minuten
Backzeit: 35–40 Minuten

Für den Teig
1 Packung Strudelteig
  (oder Blätterteig)

Für die Füllung
2 Birnen
Saft und etwas abgeriebene
  Schale von ½ unbehandelten
  Zitrone
1 Pck. Vanillezucker
2 EL Zucker
1 Ei
100 g Marzipan
40 g Krokant
1 Prise Salz
3 EL Butter
2 EL gemahlene Mandeln

Außerdem
Puderzucker
Krokant
Vanilleeis oder Vanillesauce
  (nach Belieben)

BANANEN-TOFFEE-KUCHEN

Für 1 Backform mit 26 x 20 cm
Zubereitungszeit: 50 Minuten
Backzeit: 45–50 Minuten

Für den Teig

150 g weiche Butter
80 g brauner Zucker
1 Pck. Vanillezucker
¼ TL Salz
1 Prise Kardamom
abgeriebene Schale von
   ½ unbehandelten Orange
3 Eier
150 g Mehl
3 EL Backpulver
2 reife Bananen
60 g Toffeebonbons
   (Sahne-Karamell-Bonbons)

Für die Streusel

115 g Butter
60 g Walnusskerne, gehackt
60 g Mandeln, gehackt
140 g Mehl
40 g grobe Haferflocken
   (oder Knuspermüsli)
60 g brauner Zucker
1 Prise Salz
2 EL getrocknete Bananen

Für die Karamellsauce

200 g weißer Zucker
2 EL Butter
60 ml Sahne

Mit den Streuseln beginnen. Dazu die Butter schmelzen. Die Walnüsse und die Mandeln mischen. In einer weiteren Schüssel das Mehl, die Haferflocken, den braunen Zucker, das Salz und die Hälfte der Nüsse mischen (die restlichen Nüsse beiseitestellen). Die flüssige Butter auf einmal hinzufügen und mit einem Löffel vermengen. Die getrockneten Bananen zerkleinern und unterheben. Kühl stellen.

Den Backofen auf 175 °C Ober-/Unterhitze (oder 150 °C Umluft) vorheizen. Die Backform mit feuchtem Backpapier auslegen (siehe Seite 11).

Für den Teig die weiche Butter mit dem Zucker, dem Vanillezucker, dem Salz, dem Kardamom und der Orangenschale etwa 5 Minuten schaumig schlagen. Nach und nach die Eier unterrühren. In einer weiteren Schüssel das Mehl mit dem Backpulver und den restlichen Nüssen mischen, dann unter die Eiermasse mengen. Zuletzt die Bananen und die Bonbons in kleine Stücke schneiden und vorsichtig unterheben.

Den Teig in die vorbereitete Backform geben und mit den Streuseln bedecken. Im heißen Backofen 45–50 Minuten backen. Die Stäbchenprobe machen (siehe Seite 12); der Kuchen sollte noch ein bisschen feucht sein. In der Backform auskühlen lassen.

Für die Karamellsauce den Zucker mit der Butter in einem Topf mit dickem Boden schmelzen und goldbraun karamellisieren. Vom Herd nehmen und die Sahne hinzufügen. Auskühlen lassen, dabei zwischendurch umrühren. Den Kuchen vor dem Servieren mit lauwarmer Karamellsauce beträufeln.

Eine Frau tut,

was der Mann will,

wenn er verlangt,

was sie wünscht.

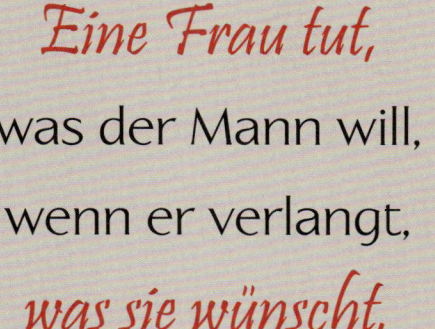

CHURROS CON CHOCOLATE

Für den Teig in einem Topf 250 ml Wasser, die Butter, das Salz und den Zucker zum Kochen bringen und köcheln lassen, bis die Butter geschmolzen ist. Das Mehl auf einmal hinzufügen und alles kräftig verrühren. Bei niedrigster Temperatur so lange weiter rühren, bis sich am Topfboden ein weißer Belag sowie ein geschmeidiger Kloß bildet, der sich leicht vom Boden löst. Den Teig noch für etwa 1 Minute mit dem Kochlöffel im Topf hin und her bewegen („abbrennen"). Vom Herd nehmen. Die Eier nach und nach unterrühren.

Das Öl in einem Topf auf 180 °C erhitzen (zur Überprüfung der Temperatur siehe Seite 12). Den Teig in einen Spritzbeutel mit große Sterntülle füllen und etwa 10 cm lange Streifen direkt ins heiße Fett spritzen. Diese von beiden Seiten je etwa 1 Minute goldbraun backen. Mit einer Schaumkelle herausnehmen und auf Küchenpapier abtropfen lassen. Zucker und Zimt in einem tiefen Teller mischen und die Churros darin wälzen.

Für den Schokoladendip die Schokolade grob hacken und mit der Sahne bei niedriger Temperatur und unter ständigem Rühren schmelzen. Nach Belieben mit Zimt oder Kardamom aromatisieren.

Tipp
Man kann die Churros auch auf eine Lage Backpapier spritzen und dieses so auf das heiße Öl wenden, dass die Churros direkten Kontakt mit dem Fett haben. Sie lösen sich vom Papier und schwimmen dann im heißen Öl. Nun das Backpapier entfernen und die Churros goldbraun backen.

Für etwa 20 Stück
Zubereitungszeit: 30 Minuten
Backzeit: etwa 2 Minuten
   pro Stück

Für den Teig
40 g Butter
¼ TL Salz
40 g Zucker
180 g Mehl
3 Eier

Zum Ausbacken und Wälzen
neutrales Öl zum Frittieren
Zucker
gemahlener Zimt

Für den Schokoladendip
70 g Zartbitterschokolade,
   Kuvertüre oder Chili-Schokolade
50 ml Sahne
gemahlener Zimt oder
   Kardamom (nach Belieben)

SCHOKO-VANILLE-MALHEUR

Für 3 feuerfeste Förmchen à 150 ml Inhalt
Zubereitungszeit: 15 Minuten
Backzeit: etwa 12 Minuten

Für den Teig
80 g Zartbitterschokolade
60 g Butter,
  mehr für die Förmchen
2 Eier
40 g Zucker,
  mehr für die Förmchen
1 Pck. Vanillezucker
1 Prise Salz
25 g Mehl
40 g weiße Schokolade,
  grob gehackt

Außerdem
Puderzucker
frische Früchte (nach Belieben)

Den Backofen auf 150 °C Umluft vorheizen. Die Förmchen mit etwas Butter fetten und mit Zucker ausstreuen.

Für den Teig die Schokolade grob hacken und mit der Butter in einem kleinen Topf mit dickem Boden schmelzen (ein Wasserbad ist nicht nötig). Dabei ständig umrühren. Etwas abkühlen lassen. In einer Schüssel die Eier mit dem Zucker, dem Vanillezucker und dem Salz in 3–5 Minuten schaumig hell schlagen. Das Mehl darübersieben und die geschmolzene Schokolade hinzufügen. Alles unterrühren.

Etwas Teig in die vorbereiteten Förmchen geben, die weiße Schokolade mittig darauflegen und mit dem restlichen Teig abdecken. Im heißen Backofen auf der mittleren Schiene etwa 12 Minuten backen, dann sofort herausnehmen (siehe Tipp) und 2 Minuten abkühlen lassen. Mit einem glatten Messer am Rand entlangfahren und die Küchlein auf einen Teller stürzen. Mit Puderzucker bestauben und nach Belieben mit frischen Früchten dekorieren. Noch warm servieren.

Tipp
Lässt man die Küchlein 1–2 Minuten länger im heißen Backofen, wird der Teig fester, nimmt man sie etwas eher heraus, überwiegt der flüssige Kern.

BLUEBERRY-CANTUCCINI-TRIFLE

Die Heidelbeeren verlesen und in einen Topf geben. Den Zucker und den Zitronensaft hinzufügen und bei niedriger Temperatur köcheln lassen, bis sich der Zucker aufgelöst hat und die Beeren anfangen, ihren Saft abzugeben. Vom Herd nehmen und etwas abkühlen lassen.

Für die Streusel die Kekse in einen Frischhaltebeutel geben, verschließen und mit der Teigrolle zu groben Stücken verarbeiten.

Für die Creme in einer Schüssel den Mascarpone mit dem Zitronensaft, dem Vanillezucker und 1 EL Lemon Curd glatt rühren.

Zwei oder drei Dessertgläser (je nach Größe) füllen: Mit je einer Schicht Heidelbeeren beginnen, mit 2 EL Cantuccini-Streuseln bedecken, darauf 1 EL Lemon Curd und etwas Mascaponecreme geben. Diese Abfolge wiederholen und mit einer Schicht Heidelbeeren abschließen. Das Dessert etwa 1 Stunde zum Durchziehen kühl stellen.

Tipp
Lemon Curd ist eine Zitronencreme, die in gut sortierten Geschäften im Regal bei den Marmeladen zu finden ist.

Für 2–3 Portionen
Zubereitungszeit: 20 Minuten
Kühlzeit: etwa 1 Stunde

Für die Heidelbeeren
120 g Heidelbeeren
1 EL Zucker
1 EL frischer Zitronensaft

Für die Streusel
90 g Cantuccini
  (italienische Kekse)

Für die Creme
250 g Mascarpone
1 EL frischer Zitronensaft
1 Pck. Vanillezucker
etwa ½ Glas Lemon Curd
  (siehe Tipp)

CHERRY-HEART-CUPCAKES

Den Backofen auf 180 °C Ober-/Unterhitze vorheizen. Das Muffinblech mit Papierförmchen bestücken.

Für den Teig die Butter mit der Schokolade über dem Wasserbad schmelzen (siehe Seite 12). Den Zucker, den Vanillezucker und das Salz hinzufügen. Nach und nach die Eier unterrühren. In einer Schüssel das Mehl mit dem Kakaopulver und dem Backpulver mischen, dann abwechselnd mit dem Joghurt unter die Schokomasse heben. Zuletzt das Kirschwasser dazugeben und alles zu einem glatten Teig verrühren.

Den Teig in die Papierförmchen geben, sodass diese zu drei Vierteln gefüllt sind, und im heißen Backofen auf mittlerer Schiene 12–15 Minuten backen. Kurz auf einem Kuchengitter auskühlen lassen. Die Oberfläche eventuell mit einem großen Messer begradigen, dann mithilfe eines Keksausstechers ein Herz ausstechen (oder mit einem Messer ausschneiden). Die Cupcakes mit einem Hauch Puderzucker bestauben.

Für die Kirschgrütze die Kirschen waschen und entsteinen. In einen Topf geben, 50 ml Kirschnektar hinzufügen und aufkochen. In einem weiteren Topf den restlichen Nektar mit dem Zucker, dem Zitronensaft sowie der Speisestärke glatt rühren und zum Kochen bringen. Die Kirschmasse hinzufügen, gut vermengen und 2–3 Minuten unter ständigem Rühren eindicken lassen. Abkühlen lassen, dann in die herzförmige Vertiefung der Cupcakes füllen.

Für 9 Muffins
Zubereitungszeit: 40 Minuten
Backzeit: 12–15 Minuten

Für den Teig
125 g Butter
60 g Schokolade
110 g Zucker
1 Pck. Vanillezucker
1 Prise Salz
2 Eier
150 g Mehl
2 EL dunkles Kakaopulver
2 TL Backpulver
2 EL Naturjoghurt
1 EL Kirschwasser
etwa 50 g Puderzucker
    zum Bestauben

Für die Kirschgrütze
120 g Kirschen
90 ml Kirschnektar
40 g Zucker
1 TL frischer Zitronensaft
1–2 EL Speisestärke

RED-VELVET-MUFFINS mit Oreo-Keksen

Für 9 Muffins
Zubereitungszeit: 30 Minuten
Kühlzeit: 75 Minuten
Backzeit: etwa 25 Minuten

Für den Teig
60 g Butter
30 g Zucker
etwa 175 g mit Kakaocreme
   gefüllte Doppelkekse

Für die Red-Velvet-Creme
2 Eier
400 g Doppelrahm-Frischkäse
90 g Zucker
1 Pck. Vanillezucker
1 Pck. Erdbeerpuddingpulver
   (oder 2 EL Speisestärke)

Außerdem
9 Oreo-Kekshälften

Das Muffinblech mit Papierförmchen bestücken.

Für den Teig die Butter schmelzen, den Zucker einrühren und etwas abkühlen lassen. Die Kekshälften auseinanderdrehen, die Kakaocreme herausschaben und in einer Schüssel beiseitestellen. Die Kekse in einen Frischhaltebeutel geben, verschließen und mit einer Teigrolle zu feinen Krümeln verarbeiten. In eine Schüssel geben, die Butter-Zucker-Masse darübergießen und alles vermengen. Die Masse in die Papierförmchen geben und mit einem Löffel zu einem Boden festdrücken. Für etwa 30 Minuten kalt stellen.

Den Backofen auf 150 °C Umluft (oder 175 °C Ober-/Unterhitze) vorheizen.

Für die Red-Velvet-Creme die Eier zur beiseitegestellten Kakaocreme hinzufügen und alles locker aufschlagen. Dann den Frischkäse, den Zucker und den Vanillezucker dazugeben und mit dem Schneebesen zu einer glatten Masse verrühren. Zum Schluss das Puddingpulver darüberstreuen und rasch unterheben. (Nach Belieben die Masse zusätzlich mit etwas Lebensmittelfarbe rot einfärben.) Die Creme auf die Böden geben.

Die Muffins im heißen Backofen etwa 25 Minuten backen. Etwa 10 Minuten vor Ende der Backzeit die Muffins mit den Oreo-Kekshälften belegen, dann weiterbacken. Im abgeschalteten Backofen 45 Minuten auskühlen lassen.

RED-VELVET-TORTE

Die Springform fetten und mit Backpapier auslegen.

Für den Teig die Butter mit dem Zucker und den Eiern schaumig schlagen, dann den Vanilleextrakt unterrühren. In einer weiteren Schüssel das Mehl, den Kakao und das Salz mischen. In einer dritten Schüssel die Buttermilch mit der roten Farbe mischen. Die Hälfte der Mehlmischung unter die Butter-Zucker-Masse ziehen, dann die Hälfte der Buttermilch einrühren. Nun erst die restliche Mehlmischung, dann die restliche Buttermilch untermischen. In einer Tasse das Natron mit dem Essig verrühren und unter den Teig rühren. Den Teig dritteln und nacheinander in der Form je 20–25 Minuten backen. Die Stäbchenprobe machen (siehe Seite 12), herausnehmen und 5 Minuten in der Form ruhen lassen. Herauslösen und das Backpapier abziehen. Bei Bedarf die Böden begradigen.

Für die Creme den Mascarpone mit dem Salz und dem Vanillemark glatt rühren, dann den Puderzucker untermischen.

Einen Tortenboden auf eine Tortenplatte setzen, die Hälfte der Creme darauf verteilen. Den zweiten Boden auflegen, den Rest der Creme darauf verteilen und den oberen Boden auflegen. Kühl stellen.

Für das Frosting die Butter mit 2 EL heißem Wasser cremig rühren, den Puderzucker untermischen. Den Frischkäse löffelweise unterrühren. Die Torte hauchdünn damit bestreichen (den Rest rot einfärben und beiseitestellen) und weitere 10 Minuten kühlen.

Am Rand und auf der Torte mit einem Messer im Abstand von 2–3 cm waagerechte und senkrechte Linien einzeichnen, sodass Quadrate entstehen. In diese, am unteren Tortenrand beginnend, das rote Frosting in Form von Rosen spritzen. Die Torte kühl stellen.

Für 1 Springform mit 18 cm Ø
Zubereitungszeit: 30 Minuten
Backzeit: je Boden 20–25 Minuten

Für den Teig
160 g weiche Butter,
  mehr für die Form
140 g Zucker
2 Eier
1 TL Vanilleextrakt
300 g Mehl
2 EL Kakaopulver
½ TL Salz
240 ml Buttermilch
1–2 EL rote Lebensmittelfarbe
  (Paste oder Gel)
1 ½ TL Natron
1 ½ TL Weißweinessig

Für die Creme
250 g Mascarpone
1 Prise Salz
Mark von 1 Vanilleschote
280 g Puderzucker

Für das Frosting
150 g zimmerwarme Butter
500 g Puderzucker
300 g Frischkäse
rote Lebensmittelfarbe

GROSSE MÄDCHEN BRAUCHEN

GROSSE DIAMANTEN.

SCHOKO-GUINNESS-KUCHEN

Für 1 Springform mit 18 cm Ø
Zubereitungszeit: 30 Minuten
Backzeit: etwa 45 Minuten

Für den Teig
125 ml dunkles Bier
  (z. B. Guinness oder Landbier)
90 g Butter, mehr für die Form
90 g Zucker
1 Pck. Vanillezucker
1 EL dunkles Kakaopulver
½ TL frisch geriebene
  Muskatnuss
2 Eier
60 g Schmand
200 g Mehl, mehr für die Form
1 TL Backpulver
½ TL Natron
1 Prise Salz

Für das Topping
125 ml gut gekühlte Schlagsahne
40 g Puderzucker
½ TL gemahlener Ingwer

Den Backofen auf 175 °C Ober-/Unterhitze (oder 150 °C Umluft) vorheizen. Die Springform fetten und gut mit Mehl bestauben.

Für den Teig das Bier in einem Topf leicht erwärmen und die Butter darin schmelzen. Den Zucker, den Vanillezucker, das Kakaopulver und die Muskatnuss dazugeben. Die Eier trennen und das Eigelb mit dem Schmand glatt rühren, dann unter die Biermischung rühren. In einer weiteren Schüssel das Mehl mit dem Backpulver und dem Natron mischen, über die Biermischung sieben und alles zu einem glatten Teig verrühren. Zuletzt das Eiweiß mit dem Salz steif schlagen und vorsichtig unter den Teig heben. In die vorbereitete Form geben und etwa 45 Minuten backen. Herausnehmen und auf einem Kuchengitter auskühlen lassen. Die Springform lösen und den Kuchen auf eine Tortenplatte setzen.

Für das Topping die Sahne steif schlagen, dabei nach und nach den Puderzucker und den Ingwer einrieseln lassen. Das Topping kurz vor dem Servieren locker auf dem Kuchen verteilen.

HUGOS CHEESECAKE

Für 1 Springform mit 18 cm Ø
Zubereitungszeit: 40 Minuten
Kühlzeit: 20 Minuten
  + mind. 3 Stunden

Für den Boden
120 g Butterkekse
30 g Mandeln, gehackt
2 TL brauner Zucker
½ TL Salz
80 g Butter

Für die Füllung
7 Blatt Gelatine
600 g Doppelrahm-Frischkäse
4 EL Prosecco
Saft und abgeriebene Schale
  von 1 unbehandelten Limette
2–3 EL Holunderblütensirup
250 ml gut gekühlte Schlagsahne
60 g brauner Zucker
30 g weißer Zucker
1 Pck. Vanillezucker

Für den Minzzucker
1–2 Zweige frische Minze
2 EL Zucker

Außerdem
frische Holunderblüten
  (nach Belieben)

Den Boden der Springform mit Backpapier belegen.

Für den Boden die Kekse in einen Frischhaltebeutel geben, verschließen und mit der Teigrolle zu feinen Krümeln verarbeiten, dann in eine Schüssel füllen. Die Mandeln, den Zucker und das Salz dazugeben. Die Butter schmelzen und darübergießen. Alles vermischen und mithilfe eines Löffels in der Springform zu einem festen Boden andrücken. Für 20 Minuten kalt stellen.

Für die Füllung die Gelatine in kaltem Wasser einweichen. In einer Schüssel den Frischkäse mit dem Prosecco, dem Limettensaft und der Limettenschale glatt rühren. In einem kleinen Topf den Holunderblütensirup erwärmen und die ausgedrückte Gelatine darin unter Rühren auflösen. Etwa 3 EL der Frischkäsecreme hinzufügen und einrühren, dann die Gelatinemasse unter die restliche Frischkäsecreme ziehen. Die Sahne steif schlagen, dabei die beiden Zuckersorten und den Vanillezucker einrieseln lassen. Die Sahne unter die Frischkäsecreme heben und die Masse auf dem vorbereiteten Keksboden verteilen. Zugedeckt mindestens 3 Stunden, besser über Nacht, kühl stellen.

Für den Minzzucker die Minzblätter abzupfen, waschen und trocken tupfen, dann grob hacken. Mit dem Zucker in einem Mörser verreiben. Kurz vor dem Servieren die Torte damit bestreuen und nach Belieben mit frischen Holunderblüten dekorieren.

Tipp
Statt Holunderblütensirup eignet sich auch Zitronenmelissensirup hervorragend.

267

SCHOKOTARTELETTES mit Mangomousse

Für den Teig das Mehl, den Kakao und das Backpulver in einer Schüssel mischen. Den Puderzucker, den Vanillezucker und das Salz dazugeben. Die gewürfelte Butter mit dem Ei sowie 2 EL kaltem Wasser hinzufügen. Rasch zu einem glatten Mürbeteig verkneten. Diesen zu einer Kugel formen und, in Klarsichtfolie gewickelt, für 30 Minuten kühl stellen.

Den Ofen auf 200 °C Ober-/Unterhitze vorheizen. Das Muffin-blech wenden und die Mulden von außen (!) fetten.

Den Teig zwischen zwei Lagen Klarsichtfolie (oder auf leicht bemehlter Arbeitsfläche) etwa 3 mm dick ausrollen, dann die obere Folienschicht entfernen. Mit einem Keksausstecher oder einem Glas zwölf Kreise ausstechen, die etwas größer sind als die Muffin-Mulden. Den Teig auf die Mulden legen, leicht andrücken und einen Rand formen. Im heißen Back-ofen etwa 12 Minuten backen. Herausnehmen und 5 Minuten auf den Mulden abkühlen lassen, dann die Tartelettes ablösen und auskühlen lassen.

Für die Mangomousse die Schokolade grob hacken und mit 50 ml Sahne bei niedriger Temperatur schmelzen. Die Gelatine in kal-tem Wasser einweichen. In der Zwischenzeit die Mango schälen, das Fleisch vom Stein schneiden und mit dem Zitronensaft und dem Zucker pürieren. Die restliche Sahne steif schlagen. Die Gelatine ausdrücken und bei geringer Temperatur auflösen, dann 3 EL der steif geschlagenen Sahne unterrühren. Die rest-liche Schlagsahne unter die weiße Schokoladenganache heben und mit dem Handrührgerät luftig aufschlagen. Die Gelatine-mischung dazugeben und alles glatt rühren. Zum Schluss das Mangopüree unterheben. Die Creme für 20–30 Minuten kühl stellen, bis sie zu gelieren beginnt, dann in einen Spritzbeutel mit Tülle füllen und in die Tartelettes spritzen. Mit frischer Minze dekorieren.

Für 12 Muffins
Zubereitungszeit: 40 Minuten
Kühlzeit: 20–30 Minuten
Backzeit: etwa 12 Minuten

Für den Teig
200 g Mehl
2 EL Kakaopulver
½ TL Backpulver
70 g Puderzucker
1 Pck. Vanillezucker
1 Prise Salz
120 g kalte Butter
1 Ei

Für die Mangomousse
100 g weiße Schokolade
200 ml gut gekühlte Schlagsahne
3 Blatt weiße Gelatine
1 reife Mango
2 EL frischer Zitronensaft
60 g Zucker

Außerdem
frische Minzblättchen

SCHOMLAUER NOCKERL

Für 1 Auflaufform
bzw. 6–8 Portionen
Zubereitungszeit: 60 Minuten
Backzeit: etwa 24 Minuten

Für die Rumrosinen
80 g Rosinen | 3 EL Rum

Für die Punsch-Essenz
160 g Zucker | 100 ml Rum
1 Pck. Vanillezucker
abgeriebene Schale von
    1 unbehandelten Orange

Für den hellen
bzw. dunklen Teig
je 4 Eier | je 1 Prise Salz
je 60 g Zucker
1 Pck. Vanillezucker
    bzw. 1 EL Kakaopulver
je 70 g Mehl

Für die Vanillecreme
2 Pck. Vanillepuddingpulver
1 l Milch
80 g Zucker
Mark von 1 Vanilleschote
2 EL Butter

Außerdem
100 g Walnüsse, gehackt
dunkles Kakaopulver
Schokosauce
Schlagsahne
Himbeeren (nach Belieben)

Die Rosinen mit dem Rum beträufeln und abgedeckt mindestens 2 Stunden (besser über Nacht) ziehen lassen. Für die Punsch-Essenz alle Zutaten mit 180 ml Wasser in einem Topf sprudelnd aufkochen und abkühlen lassen.

Den Backofen auf 180 °C Ober-/Unterhitze vorheizen und ein Backblech mit Backpapier belegen.

Für den hellen Teig die Eier trennen und das Eiweiß mit 2 EL kaltem Wasser und dem Salz steif schlagen. Das Eigelb mit dem Zucker und dem Vanillezucker cremig schlagen, dann das Mehl darübersieben und untermengen. Den Eischnee vorsichtig unterheben. Den Teig auf das Backblech geben und glatt streichen. Etwa 12 Minuten backen. Den Boden halbieren.

Den dunklen Teig ebenso wie den hellen Teig zubereiten, dabei den Vanillezucker durch das Kakaopulver ersetzen, backen und halbieren.

Für die Vanillecreme aus dem Puddingpulver und der Milch nach Packungsanleitung einen Pudding zubereiten. Den Zucker, das Vanillemark und die Butter untermischen.

Einen hellen Biskuit in eine passende Auflaufform legen. Mit etwas Punsch-Essenz beträufeln, ein Drittel der Vanillecreme darauf verteilen. Mit einem Drittel der Walnüsse sowie einem Drittel der Rumrosinen bestreuen. Einen dunklen Biskuit auflegen und mit der Punsch-Essenz beträufeln. Weiter so schichten, bis alle Zutaten aufgebraucht sind. Mit dem dunklen Biskuit abschließen, mit Kakaopulver bestreuen. Die Form, mit Klarsichtfolie abgedeckt, für mindestens 2 Stunden, besser über Nacht, in den Kühlschrank stellen.

Mit zwei Löffeln Nockerl abstechen. Mit Schokosauce, Schlagsahne und nach Belieben mit Himbeeren dekorieren.

SCHOKO-MANDEL-GUGELHUPF

Den Backofen auf 150 °C Umluft vorheizen. Die Gugelhupf-form fetten und leicht mit Mehl bestauben.

Für den Teig die Schokolade über dem Wasserbad schmelzen (siehe Seite 12), dann leicht abkühlen lassen. In der Zwischen-zeit die Butter mit dem Zucker, dem Vanillezucker und dem Salz cremig rühren. Dann nach und nach die Eier unterrühren. Die geschmolzene Schokolade und die Mandeln dazugeben und alles gut vermengen. Das Mehl mit dem Backpulver mi-schen und unterheben. Zuletzt die saure Sahne und die in kleine Stücke geschnittenen Bananen hinzufügen. Den Teig in die Form geben und etwa 1 Stunde backen. In der Form etwa 10 Minuten abkühlen lassen, dann stürzen (siehe Seite 13) und vollständig auskühlen lassen.

Die weiße Schokolade schmelzen und den Kuchen damit über-ziehen. Mit gehackten Haselnüssen bestreuen.

Tipp
Verfeinern Sie diesen Kuchen nach Belieben mit 4 EL Rum oder Rumaroma.

Für 1 große Gugelhupfform
Zubereitungszeit: 30 Minuten
Backzeit: etwa 1 Stunde

Für den Teig
200 g Zartbitterschokolade
250 g weiche Butter,
    mehr für die Form
150 g Zucker
1 Pck. Vanillezucker
1 Prise Salz
5 Eier
100 g Mandeln, gemahlen
320 g Mehl, mehr für die Form
1 Pck. Backpulver
2 EL saure Sahne
2 Bananen

Außerdem
50 g weiße Schokolade
einige Haselnüsse, gehackt

PRASSELKUCHEN mit Wildpreiselbeeren

Für 1 Backblech
bzw. etwa 12 Stück
Zubereitungszeit: 25 Minuten
Kühlzeit: 20 Minuten
Backzeit: 25–30 Minuten

Für den Teig
250 g Mehl plus 2 EL
50 g Mandeln, gemahlen
½ TL Backpulver
110 g Zucker
1 Pck. Vanillezucker
abgeriebene Schale von
   ½ unbehandelten Zitrone
1 Prise Salz
150 g kalte Butter,
   mehr nach Bedarf
1 Ei

Für den Belag
½ Glas Lemon Curd
   (siehe Seite 255)
1 Glas Wildpreiselbeeren
   (etwa 370 g)

Außerdem
Puderzucker
Schlagsahne (nach Belieben)

Den Backofen auf 175 °C Umluft vorheizen und ein Backblech fetten oder mit Backpapier belegen.

Für den Teig in einer großen Schüssel die 250 g Mehl mit den Mandeln, dem Backpulver, dem Zucker, dem Vanillezucker, der Zitronenschale und dem Salz mischen. Die Butter in grobe Stücke schneiden und zusammen mit dem Ei hinzufügen. Alles mit dem Knethaken des Handrührgeräts oder mit den Händen zu Streuseln verarbeiten. Etwa ein Drittel der Streusel abnehmen und für 20 Minuten im Kühlschrank kalt stellen. Aus dem Rest mit den Fingern einen Boden formen. Dazu den Teig auf das Backblech geben und andrücken. Mit dem Lemon Curd bestreichen und die Preiselbeeren darauf verteilen.

Die Streusel aus dem Kühlschrank nehmen und mit den 2 EL Mehl locker mischen, damit sie besser in Form bleiben. Auf dem Kuchen verteilen und diesen 25–30 Minuten backen. Nach dem Abkühlen leicht mit Puderzucker bestauben und nach Belieben mit einem Klecks Schlagsahne servieren.

Tipp
Sie können den Belag beliebig variieren und beispielsweise die Preiselbeeren durch Aprikosen, Pflaumen oder Kompott aus diesen Früchten ersetzen. Eine helle Konfitüre oder Puddingcreme ist eine Alternative für das Lemon Curd.

ZEBRA-MADELEINES

Für den Teig die Eier trennen. In einer Rührschüssel die Butter mit dem Zucker und dem Vanillezucker schaumig rühren, dann das Eigelb und die Milch untermengen. Das Mehl mit der Speisestärke und dem Backpulver mischen, darübersieben und unterziehen. Das Eiweiß mit dem Salz steif schlagen und vorsichtig unter den Teig heben. Etwa ein Drittel des Teiges in eine weitere Schüssel geben und mit dem Kakaopulver und dem Baileys verrühren. Dann den Schokoteig zurück zum hellen Teig geben und beide Teige mit einer Gabel vorsichtig marmorieren.

Die Hälfte des Teiges in die Vertiefungen der Backform verteilen, sodass diese zu zwei Dritteln gefüllt sind. Die Oberfläche muss nicht glatt gestrichen zu werden. Die Madeleines im heißen Backofen 12–15 Minuten backen, dann herausnehmen und auskühlen lassen. Mit dem restlichen Teig ebenso verfahren. Die Madeleines ganz leicht mit Puderzucker bestauben.

Für 18 Madeleines
Zubereitungszeit: 20 Minuten
Backzeit: je Portion 12–15 Minuten

Für den Teig
2 Eier
60 g weiche Butter
80 g Zucker
1 Pck. Vanillezucker
2 EL Milch
80 g Mehl
20 g Speisestärke
½ TL Backpulver
1 Prise Salz
1 EL Kakaopulver
1 EL Baileys

Außerdem
Puderzucker

MEINE LIEBLINGSGERÄTE und -produkte

Die Küchenmaschine

Meine Artisan-Küchenmaschine von KitchenAid benutze ich wirklich liebend gern – und das nicht nur, weil sie rosa ist! Sie ist einfach ein zuverlässiger Helfer. Teige für Torten, Cupcakes und Co. sind genauso schnell gerührt wie Cremes gemischt.

KitchenAid Europa, Inc.
Postfach 19
2018 Antwerpen 11
Belgien
www.KitchenAid.de

Die Formen

Die Backformen von Kaiser haben einfach unschlagbar gute Qualität! Und da die Formen schließlich mit das Wichtigste beim Backen sind, sollte man da wirklich nicht sparen. Perfekte Ergebnisse garantiert!

W. F. Kaiser u. Co. GmbH
Werner-von-Siemens-Straße 28
65582 Diez
www.kaiser-backform.de

Wenn's um besonders außergewöhnliche Silikonformen geht, ist Silikomart einfach unschlagbar. Die kleinen süßen Köstlichkeiten kommen absolut perfekt aus der Form, und die Gäste werden überrascht sein!

SILIKOMART S.R.L
Via Tagliamento 78
30030 Mellaredo di Pianiga (Ve)
Italien
www.silikomart.com

Der Mixer

Meine absolute Geheimwaffe! Der kriegt wirklich alles klein, und feine Fruchtpürees und Ähnliches sind so ratzfatz vorbereitet.

KitchenAid Europa, Inc.
Postfach 19
2018 Antwerpen II
Belgien
www.KitchenAid.de

Die Eismaschine

Eine selbst gemachte Kugel Eis zum Backwerk schmeckt nicht nur den Kleinen besonders gut. Mit dem Eismaschinenaufsatz für die KitchenAid ist im Handumdrehen ein feines Eis zubereitet.

KitchenAid Europa, Inc.
Postfach 19
2018 Antwerpen II
Belgien
www.KitchenAid.de

Die Deko

*Mit den Papeterie-Produkten
rund ums Backen von Casa di
Falcone verschönere ich total gerne
meine Cupcakes und Co. Die hübschen Wrappers, Sticker und
Einstecker machen jedes Gebäck
zum Geschenk!*

Casa di Falcone
Burgstraße 1
59755 Arnsberg
www.casa-di-falcone.de

*Die besten Geschirrutensilien und
Dekoartikel für die Küche gibt es
bei Bellissimo. Vieles auf meinen
Fotos habe ich dort erstanden.
Schon allein das Stöbern im
Shop macht so viel Spaß ...*

Bellissimo
Wohnaccessoires & Geschenke
Egerlandstraße 76
82538 Geretsried
www.bellissimo-webshop.de

Die süßen Extras

*Essbare Deko macht das gewisse
Extra aus! Ob Herzchen, Scho-
kostreusel oder Dekorblüten – bei
Dr. Oetker gibt's die allerschön-
sten. Und die sehen nicht nur
hübsch aus, sondern schmecken
einfach lecker.*

Dr. August Oetker
Nahrungsmittel KG
Lutterstraße 14
33617 Bielefeld
www.oetker.de

REZEPTREGISTER

STICHWORTREGISTER

Produktmanagement: Annemarie Heinel
Textredaktion: Monika Judä
Korrektur: Asta Machat
Layout und Satz: Silke Schüler
Umschlaggestaltung: Silke Schüler unter
Verwendung eines Fotos von Viktor Kiss
Repro: Repro Ludwig, Zell am See
Herstellung: Bettina Schippel
Text und Rezepte: Kessy Bóna
Fotografie und Styling: Kessy Bóna
Ein Dank geht an Honeymoon Düsseldorf,
MGR Mode GmbH für das Verleihen der
Kleider.

Printed in Slovakia by Neografia

Unser komplettes Programm
finden Sie unter

 www.christian-verlag.de

Alle Angaben dieses Werkes wurden von der
Autorin sorgfältig recherchiert und auf den
neuesten Stand gebracht sowie vom Verlag
geprüft. Für die Richtigkeit der Angaben
kann jedoch keine Haftung übernommen
werden.

Die Deutsche Nationalbibliothek verzeich-
net diese Publikation in der Deutschen
Nationalbibliografie; detaillierte bibliogra-
fische Daten sind im Internet über
http://dnb.d-nb.de abrufbar.

Bildnachweis:
Alle Fotos stammen von Kessy Bóna, außer:

Picture Alliance, Frankfurt a.M.: S. 248 (dpa);
S. 199 (dpa/Andre De Dienes/Julien's Aucti);
S. 118 (dpa-Report/Keystone USA kg1); S. 103
(dpa-Report/UPI); S. 64, S. 77, S. 157, S. 208,
S. 219, Umschlagrückseite (keystone); S. 146
(Legacy/American Pictorial; S. 38 li., S. 263
(picture alliance); S. 178 (United Archives/
IFTN); S. 26 r., S. 167 (ZUMA Presss/Globe
Photos)

Shutterstock: S. 249 oben r. (Agnes Kanta-
ruk); S. 119 oben li. (Anna-Mari West); S. 166
(axle71); S. 39 unten li. (B. and E. Dudzinscy);
S. 179 unten (Barbara Neveu); S. 76 r. (Brum);
S. 147 Mitte r. (bulatova); S. 249 unten (coka);
S. 39 unten r. (Daria Minaeva); S. 198 oben li.
(Destinyweddingstudio); S. 262 oben (Dre-
am79); S. 156 oben r. (Dudarev Mikhail);
S. 147 Mitte li. (Everett Collection); S. 4 (Fal-
con Eyes); S. 65 unten r. (Fer Gregory); S. 65
oben r. (Gordana Sermek); S. 262 unten r.
(Gorgev); S. 209 r. (HelenaQueen); S. 119 unten li. (Iova Mihai); S. 76 unten li. (Iuliia Aza-
rova); S. 26 unten li., S. 179 oben r. (joannaw-
nuk); S. 218 unten li. (Kaylie_Kell); S. 179
oben li. (larik_malasha); S. 209 oben li. (Lecic);
S. 119 r. (Lidante); S. 102 oben li. (Little Moon);
S. 218 unten r. (Lukaszewicz); S. 76 oben li.
(MNStudio); S. 147 oben (Nitr); S. 156 unten
(pixbox77); S. 218 unten (Pugovica88); S. 147
unten r. (Sergej Razvodovskij); S. 102 unten
(Shaiith); S. 262 unten li. (soo hee kim); S. 209
unten li. (stockbyMH); S.26 oben li. (vesna
cvorovic); S. 198 unten (View Apart); S. 156
oben li. (Yana Godenko); S. 166 oben li. (Yeko
Photo Studio); oben r. (Zastoiskiy Victor)
Steffen Möller: S.9

Viktor Kiss: Coverbild, S. 278-281

★ ★ ★ ★ ★
**Sind Sie mit diesem Titel zufrieden? Dann würden wir
uns über Ihre Weiterempfehlung freuen.**
Erzählen Sie es im Freundeskreis, berichten Sie Ihrem Buchhändler,
oder bewerten Sie bei Onlinekauf.
Und wenn Sie Kritik, Korrekturen, Aktualisierungen haben, freuen
wir uns über Ihre Nachricht an Christian Verlag, Postfach 40 02 09,
D-80702 München oder per E-Mail an lektorat@verlagshaus.de.

DANKSAGUNG

Ich danke von Herzen meinem liebsten Ehemann,
besten Freund und größter Liebe Viktor. Du bist immer
neben mir und hilfst begeistert zu allen Tages- und
Nachtzeiten, meine verrückten Ideen umzusetzen.
Dazu deine Geduld und Kraft – so sind wir ein unschlag-
bares Team, zusammen mit unserem kleinen Sohn
Kenoa, der mich immer so tatkräftig in der Küche unter-
stützt und auch bei den Verkostungen in der ersten
Reihe sitzt. Ich möchte zudem meinen lieben Eltern für
ihre unermüdliche Unterstützung und Liebe danken.
Für die Aufmunterung, stets ungewöhnliche und neue
Wege zu gehen, offen für alles Neue zu bleiben, dabei
immer an sich selbst zu glauben.

Ebenfalls erhältlich ...

ISBN 978-3-86244-670-4

Torten backen leicht gemacht! Mit diesem Backbuch lernen Sie alles für die perfekte Festtagstorte. Vom Grundteig bis zum Dekorieren.

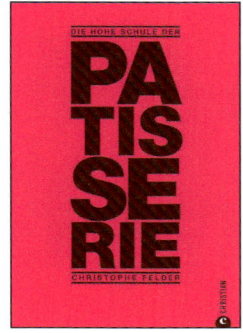

ISBN 978-3-86244-179-2

Von den Grundlagen bis zum Dekor – der Konditormeister und Confiseur Christoph Felder zeigt 210 klassische und moderne Kreationen Schritt für Schritt.

ISBN 978-3-86244-186-0

Mit der Landküche zum Tortenglück: mit Obst und Früchten, mit und ohne Sahne, bis Biskuit- und Blätterteig süße Schlemmereien ausprobieren

ISBN 978-3-86244-636-0

Baisers versprechen ein buntes, federleichtes Naschvergnügen. Auch zum Verschenken oder als Zutat in Kuchen, in Eis oder Getränken eine tolle Idee!

ISBN 978-3-86244-638-4

Der perfekte Frozen Yogurt: Ein frischer Strudel aus Joghurt, Früchten und oben auf etwas Krokant. Der Sommertrend 2014!

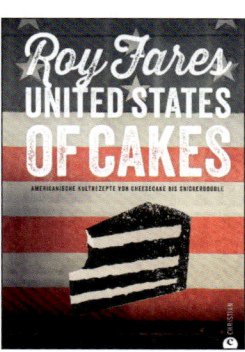

ISBN 978-3-86244-674-2

Willkommen in den United States of Cakes! Hier finden Sie alle Kultrezepte für Cupcakes, Cookies, Muffins und Co.: Amerikanisch Backen leicht gemacht.

CHRISTIAN

www.christian-verlag.de

Kochen & genießen mit den Jahreszeiten

LandFRISCH — März & April | Nr. 2/14 | 4,50 €

LandIDEE

Neu: Jetzt mit Weintipp

LandFRISCH
KOCHEN MIT DEN JAHRESZEITEN

75 Rezepte

Liebevoll zubereitet

Schafskäse
Zu Besuch in der Manufaktur

Kräuterbrot
Aus der Backstube der Müllerin

Spinat
Rezepte mit dem zarten Gemüse

Alle
2 Monate
FRISCH im
Handel!

Leichter Genuss
Vorfreude auf frisches Gemüse

Aus der LandIDEE-Familie